中央财经大学博士学位论文文库

创新政策对国家创新系统绩效影响的研究

刘 皇 著

中国财经出版传媒集团
中国财政经济出版社

图书在版编目（CIP）数据

创新政策对国家创新系统绩效影响的研究／刘皇著. —北京：中国财政经济出版社，2017.9

（中央财经大学博士学位论文文库）
ISBN 978-7-5095-7714-1

Ⅰ.①创… Ⅱ.①刘… Ⅲ.①技术革新-科技政策-影响-国家创新系统-研究-中国 Ⅳ.①F204②G322.0

中国版本图书馆 CIP 数据核字（2017）第 213326 号

责任编辑：陈志伟　　　　　　　责任校对：李　丽

中国财政经济出版社 出版

URL：http://www.cfeph.cn
E-mail：cfeph@cfeph.cn

（版权所有　翻印必究）

社址：北京市海淀区阜成路甲 28 号　邮政编码：100142
营销中心电话：88190406　北京财经书店电话：64033436　84041336
北京财经印刷厂印刷　各地新华书店经销
787×1092 毫米　16 开　11 印张　158 000 字
2017 年 9 月第 1 版　2017 年 9 月北京第 1 次印刷
定价：39.00 元
ISBN 978-7-5095-7714-1
（图书出现印装问题，本社负责调换）
本社质量投诉电话：010-88190744
打击盗版举报热线：010-88190414　QQ：447268889

序

古往今来，我国的民间并不缺少能工巧匠，也有不计其数的发明创造，却没有在近现代成体系的科学技术进步中走在世界前列的。中华人民共和国建立以来，我国依靠举国之力，在某些具有战略地位的科技领域有了举世瞩目的突破；改革开放以来，由体制改革激发的各方面创新能力进一步显现，在基础科学、技术科学、工程技术、工艺装备、经营管理等领域的创新都有重大进展，但这种创新的系统性、协同性、外溢性、持续性等仍然与当今发达国家有不小的差距。目前，我国经济社会发展已进入新的转型阶段，"创新发展"成为首要的发展理念，也是主要的发展动力，如果我们对这些差距及其原因没有客观深刻的认识，政府倡导的"大众创业、万众创新"就难以有实质性的推进。

从系统论角度来说，现代社会的"万众创新"不是个体意义上的单打独斗，而是在一定的系统化条件下各主体分工和协同、竞争和合作的结果。这就需要对创新系统有一个比较全面的认识。创新系统既包括创新主体、创新意愿、物质条件、组织协调、成果需求等内化要素，又包括制度规则、政府政策、思想文化等外化要素，创新系统的绩效就是这些要素综合作用的结果。考察当今各国科技进步和其他创新进程，不论是市场经济发达的国家还是经济转型国家，政府从国家层面上制定科技发展战略规划及其促进政策，都是影响创新体系绩效的重要的、甚至是不可或缺的要素。

创新政策对国家创新系统绩效的影响是通过哪些途径和怎样的传导机制，效果如何，特别是我国政府创新政策对创新系统绩效的实际影响效果如何，对于我国经济社会如何成功转入"创新发展"的轨道，是一个具有重要理论意义和实践价值的课题。刘皇博士所著《创新政策对国家创新系统绩效影响的研究》，是对这一课题的新的探索。本书构建了创新政策影响国家创新系统绩效的传导路径模型框架，形成创新政策影响国家创新系统绩效的理论概念模型和研究假设；综合财税政策等七个维度，采用计量经济模型对所构建的理论研究框架和相关假设进行验证；从三个方面提出了增强创新政策促进国家创新系统绩效提升的对策建议。

本书是作者在其博士学位论文的基础上修改完善后成稿的，在论文和书稿形成过程中我与作者进行了多次交流和探讨。本书对上述问题研究的贡献和不足自然要由读者来评价。作为作者的指导教师和书稿第一读者，我认为本书的主要贡献至少包括：

第一，将创新等诸多维度的政策措施纳入统一的创新政策体系当中，从国家创新系统的视角来研究其综合效应。

第二，基于国家创新系统的内涵，推导出创新政策对国家创新系统绩效提升的作用，是经过创新主体培育、创新主体能力建设和创新环境优化三个方面的政策效应传导而成；基于政策的功能和作用的角度，构建了创新政策作用于创新系统的"政策工具——政策功能——政策目标"传导机制。

第三，基于地区的视角，检验了创新政策对创新系统绩效的影响效应，将样本区分为全国和东部、中部、西部来检验同一类别的创新政策是否在不同地区的实施绩效存在显著性差异。同时，针对全国样本的实证检验时，设定三个面板模型，实证检验了创新系统中创新政策干预和市场力量的关系，对比了创新政策、市场力量分别对国家创新系统绩效的影响，以及二者的综合影响。

由于这些贡献在学位论文的审阅和答辩中得到普遍认可，学位论文被评为中央财经大学2015年度七篇优秀博士论文之一。

当然，由于受到各种条件约束的科学研究都是阶段性和非连续性的，创新政策对国家创新系统绩效的影响是一个跨度大、信息含量多的课题，本书的局限和不足也是明显的。如在某些执行变量的选取过程中，选择了"舍弃"和"替代"的做法，使指标体系不够完善，一定程度上影响了研究结论的全面性；实证研究时间跨度较短，也在一定程度上影响了对模型参数估计结果的稳定性。

这些局限和不足也正是刘皇博士今后继续探索的空间。正如她曾经在并不平坦的求学道路上百折不挠、刻苦努力、奋力拼搏、不断进步一样，我相信她会在新的平台基础上一如既往，勤学善思，提升内功，在"创新"课题上不断创新。

2016年5月3日于北京太月园

摘　要

在当前经济全球化背景和动态竞争环境中，世界经济存在三大趋势：国际竞争越来越激烈、市场越来越分散、技术越来越多样化且技术变革越来越迅速。这就使创新必须成为一个国家、一个企业长期战略的焦点。20世纪70年代，在熊彼特的影响下形成了创新研究的线性范式。然而，这种简单的线性创新模式忽视了创新过程中不同阶段的反馈效应以及各阶段之间的复杂联系。为了弥补线性创新模式的缺陷，学者们将研究视角从内部转向外部因素，开始关注创新活动的外部因素和宏观因素，尤其是开始重视从事创新活动的企业与外部环境的联系和互动，从而引起"网络范式"的兴起。随着网络范式的兴起，"创新系统"方法越来越受到专家学者的认可和重视。其中，国家创新系统（NIS）方法在20世纪80年代后期被引入，被认为是进行学术研究、制定创新政策、理解创新过程及其决定因素的非常有用的分析工具。

创新政策于20世纪80年代在西欧兴起，在2003年3月里斯本首脑会议后逐渐开始受到欢迎。为了提高国家创新系统绩效、实现创新型国家的目标，我国制定并实施了一系列旨在鼓励创新的政策、法规和计划。这些政策的效果如何，创新政策的实施是否发挥了应有的作用、是否达到了预期目标，是政府和学术界普遍关注的问题。关于政府政策刺激创新的作用一直存在着争议，一些研究强调政府的措施能促进创新，另一些研究表明，政府对创新的作用低于预期。那么，政府创新政策干预在我国建设创新型国家进程中究竟产生了什么样的影响？政策与绩效之间的关系并不是"创新政策——创新绩效"两者之间的直接线性关系。创新政策制定者要获得有效信息，重要的是要选择一个适当的模型框架，来理解创新是如何发生的、什么条件导致创新的成功。本书在理论梳理和概念界定的基础上，从理论研究和实证研究的角度探讨了创新政策和国家创新系统绩效之间的关系，接着构建了创新政策影响国家创新系统绩效的传导路径模型框架，分别从创新行为主体培育、创新行为主体能力建设和创新环境优化三个方面，研究了创新政策的"政策内涵—政策功能—政策目标"的作用机制。通过梳理我国创新政策的主要内容，将我国创新政策体系分解为财税政策、金融政策、人力资本政策、政府采购政策、知识产权保护政策、开放政策和基础设施政策七个维度，结合创新政策影响国家创新系统绩效的作用机理，构建创新政策影响国家创新系统绩效的概念模型，将创新政策纳入统一的概念模型之中，并分析和验证了各个维度上的政策与国家创新系统绩效关系的假设。

本书以翔实丰富的资料探讨了国家创新系统绩效的影响因素，实证了我国在全球创新系统中所处的相对位置，深入研究了我国创新政策对国家创新系统绩效的提升效果。研究结果发现：第一，我国在推进创新战略、建设创新型国家的实践过程中，国家创新系统面临创新主体缺失、创新主体能力不足、创新环境有待优化三个主要问题。创新动力不足导致企业参与创新意愿不足；资源受限以及创新网络建设不充分导致创新主体创新能力薄弱、创新效率低下；创新硬环境建设不完善、创新软环境不健全致使创新环境不理想。要提高国家创新系统绩效，创新政策就需要通过补偿创新收益差额、保障收益持续、承担风险分散、保障合作信用和拉动市场需求来激发创新主体的创新意愿，通过提供创新资源、建设创新网络来提升创新主体的创新能力，通过对创新设施进行配套以及保障创新制度对新环境进行优化。第二，横向比较来看，进入 20 世纪以来的前 4 年，我国在 G20 国家当中的国家创新系统绩效处于较高的水平，并且比较稳定。2004 年以后，我国创新系统绩效水平波动幅度很大，具有不稳定性，且被其他国家赶超，开始低于 G20 以及发达国家的平均水平值，跌落到了较低水平国家行列之中。纵向比较来看，进入 21 世纪以来我国创新系统绩效水平在波动中整体略呈上升趋势，但普遍没有实现最优效率，存在很大的改进空间。第三，创新政策体系维度中，"政府财政科技拨款"、"政府采购政策"、"知识产权保护政策"与我国创新系统绩效之间存在显著的正相关关系，"研发税收优惠政策"、"金融支持政策"、"基础设施政策"与我国创新系统绩效之间无显著的相关关系，"教育投入政策"、"开放政策"与我国创新系统绩效之间有负相关关系，其中，外商直接投资与我国创新系统绩效之间呈显著负相关关系，而贸易开放度的系数不显著。第四，在对创新系统中政策干预和市场力量的关系检验中，我们发现，一方面创新政策干预改变了市场力量对创新系统绩效影响的方向；另一方面，市场力量加强了政府财政科技拨款、政府采购政策对创新系统绩效的正向影响，同时也加强了教育投入政策对创新系统绩效的负向影响。第五，创新政策对创新系统绩效的影响效果存在空间差异。东部地区创新系统绩效更容易受政府财政科技拨款、金融支持政策、知识产权保护政策、政府采购政策和外资政策的影响，其中"财政科技拨款"、"知识产权保护政策"、"政府采购政策"与创新系统绩效之间存在显著的正相关关系，"金融支持政策"、"外资政策"与创新系统绩效之间存在显著的负相关关系。中部地区创新系统绩效更容易受"政府采购政策"、"外资政策"和"基础设施政策"的影响，其中"政府采购政策"、"基础设施政策"与创新系统绩效之间存在显著的正相关关系，"外资政策"与创新系统绩效之间存在显著的负相关关系。西部地区创新系统绩效水平更容易受"政府财政科技拨款"、"外资政策"和"政府采购政策"的影响，其中"政府采购政策"与创新系统绩效之间存在显著的正相关关系，"政府财政科技拨款"、"外资政策"与创新系统绩效之间存在显著的负相关关系。

最后，本书分别从制定政策的思维、完善政策体系的内容、区分政策效应的区域差异三个方面，提出了增强创新政策促进国家创新系统绩效提升的对策建议，并指明未来可以进一步深入研究的方向和重点。

目 录

第1章 导 论 — 1
    1.1 研究的背景及其意义 — 1
    1.2 概念界定 — 6
    1.3 研究内容和研究方法 — 9
    1.4 研究的创新和局限之处 — 13

第2章 理论基础和文献综述 — 16
    2.1 国家创新系统理论综述 — 16
    2.2 创新政策理论综述 — 23
    2.3 国家创新系统绩效评价的研究综述 — 28
    2.4 创新政策对国家创新系统绩效影响的实证研究综述 — 31
    2.5 对现有研究的评述 — 39

第3章 创新政策影响国家创新系统绩效的作用机理 — 41
    3.1 国家创新系统绩效的影响因素 — 41
    3.2 创新政策影响国家创新系统绩效的传导路径模型框架 — 48
    3.3 创新政策影响国家创新系统绩效的作用机制 — 49

第4章 创新政策影响国家创新系统绩效的概念模型与研究假设 — 59
    4.1 我国创新政策体系 — 59

4.2 概念模型构建 61
4.3 研究假设的提出 62

第5章 国家创新系统绩效的测度及分析 74

5.1 研究方法的选取 74
5.2 变量与样本数据 78
5.3 实证结果分析 90

第6章 创新政策影响国家创新系统绩效的实证分析
——基于中国省际面板数据模型的研究 95

6.1 研究方法的选取 95
6.2 指标体系的构建 97
6.3 数据的收集和处理 104
6.4 实证结果分析 105
6.5 假设检验结果及讨论 120

第7章 研究结论、启示与展望 135

7.1 研究结论 135
7.2 启示及政策建议 137
7.3 未来展望 143

参考文献 145
附　　录 160
后　　记 164

第1章
导　论

1.1 研究的背景及其意义

1.1.1 研究背景

自 20 世纪 50 年代以来，随着全球经济一体化，国际竞争日益激烈，国与国之间的竞争已经逐步体现为国家竞争力和国家创新水平方面的竞争，创新成为争夺未来发展制高点的新一轮竞赛。随着知识经济时代的到来，各国在世界舞台上的竞争焦点不再是简单生产产品，而是各个领域的技术突破或创新的成果。尤其对于发达国家来说，已经完成了原始资本积累，如今知识和技术已逐步成为其经济社会发展的核心驱动力，技术进步对经济增长的贡献不断得到加强，已经大大超过了传统的资金、劳动力和自然资源贡献的总和。然而，科学技术的发展需要靠人类不断地创新才能实现，也只有通过不断创新，才能转变经济增长方式、实现可持续发展。为了更大程度地提升国家创新能力，创造竞争优势，大幅度地提高国际地位，一些国家将创新作为国家的基本战略，国际学术界把这一类国家称为创新型国家。

在我国，中央政府对创新战略的认识可以追溯到改革开放之初。1978 年全国科技大会召开，明确了科学技术是生产力。1978—1985 年，成套技术引进与模仿，开启了创新的步伐（李云鹤，2009）。1992 年确定建设社会主义市场经济体制，逐步实施市场换技术与模仿创新，明确提出科教兴国战略。经过前一阶段的技术引进与模仿创新,我国积累了丰富的经验和资源,为自主创新的推进奠定了坚实的基础。进入 21 世纪,面对日益激烈的国际竞争和各领域都具备科技革命潜能的现实,以及国内经济受资源限制的约束、环境污染亟待解决、各类社会矛盾不断升级的压力,党中央国务院明确提出要实施创新驱动发展战略,把提升自主创新能力和建设创新型国家提升为国家战略。胡锦涛同志在 2012 年 7 月 6 日召开的全国科技创新大会上指出,我国到 2020 年的发展目标是要实现基本建成适应社会主义市场经济体制、符合科技发展规律的中国特色国家创新体系,进入创新型国家行列。习近平总书记也强调,实施创新驱动发展战略决定着中华民族前途命运。

建设高效的国家创新系统是实现创新型国家的一个重要方面。在全社会都在努力建设创新型国家的今天,国家创新系统建设对中国而言尤为重要。因为创新体系的政策思路是从一个系统,即制度、机构、政策和创新要素互动的角度来提高一个国家或地区的创新能力(柳卸林等,2011)①,进而确保国民经济增长的质量以及增强国际竞争能力。目前,国家创新系统这一概念已经成为许多国际组织(如经济合作与发展组织)、欧洲委员会以及联合国贸易及发展委员会等和许多发达国家(如美国、德国、日本等)政府致力于制定创新政策的主要框架和分析工具(王唯薇,2012)②。从 2011—2013 年,瑞士和瑞典的创新指数连续 3 年分别稳居全球第一和第二,可见,其创新能力不断得到增强,创新效率不断得到提高。促使这两个国家创新表现优于其他欧盟成员国和诸如美、日等创新型国家的其中一个重要的原因,是其建立了优越的创新政策体系和高效的运行机制。从创新能力较强的国家的创新实践来看,创新政策是激励创新活动最为有效的工具和手段。反观我国,目前正处于社会主义市场经济建设进程中,市场机制尚不健全,市场起不到决定性作用,市场无法充分调动创新主体的创新积极性从而促进创新活动的产生,所以政府的创新政策发挥了更加特殊的作用,也越来越成为宏观经济政策的一个核心内容。

1.1.2 问题的提出

目前,世界上公认的创新型国家有 20 个左右。作为创新型国家,应具备

---

① 柳卸林、吕萍、程鹏、陈傲:《构建均衡的区域创新体系》[M],科学出版社,2011。

② 王唯薇:"国家创新体系下的创新政策:概念、评估和发展趋势"[J],《重庆科技学院学报(社会科学版)》,2012 年第 21 期。

以下四个特征：(1) 国家的研发投入即研究与发展（R&D）支出占国内生产总值（GDP）的比例一般在2%以上；(2) 科技进步贡献率达70%以上；(3) 对外技术依存度指标通常在30%以下；(4) 创新产出高。我国虽然善于动员资源为科学技术研究服务，其规模和速度都前所未有，大量的投资极大地促进了近十年来我国社会、经济的快速发展，但并没有使创新绩效方面实现相应的增长。从创新型国家的四个特征来看，我国实现创新型国家这个战略目标还任重道远。截至2011年，我国研发投入占GDP的比例只有1.84%，科技进步贡献率仅为51.7%[1]，对外技术依存度仍然比较高，比如电子信息领域对外技术依存度超过80%[2]。关于创新产出，与发达的经合组织成员国相比，我国当前从研发投资中得到的社会和经济回报较低（经济合作与发展组织，2011）。

为了提高我国创新能力，改革开放以来，政府陆续颁布了一系列旨在鼓励创新的政策、法规和计划，有力地推动了我国创新活动的开展。从创新的投入而言，我国已经是一个科技大国。近些年，我国研发投入以每年超过20%的速度增长，截至2011年，我国的研发总投入已经超过日本，成为位于美国之后的世界第二大研究开发投资国，其中研发人力资源总量位居世界第一。但是，我国在康奈尔大学（Cornell University）、欧洲工商管理学院（INSEAD）和联合国专门机构世界知识产权组织（WIPO）共同发布的《2013年全球创新指数》中，仅仅排在第35位，比2012年下降了1位；在"输入分类指数"（国家经济撬动创新活动的因素）中从第55位上升至第46位，而在"输出分类指数"（经济体内创新活动的结果）中下降了6位，排名第25位，创新效率方面，从2012年的第1位滑落到第14位。

作为以政府为主导、充分发挥市场配置资源的基础性作用、各类科技创新主体紧密联系和有效互动的社会系统，效率无疑是国家创新系统追求的目标。我国政府主要通过具体的创新政策工具或手段，为国家创新系统的其他行为主体营造良好的创新生态环境，激发各行为主体的最大效能，并使它们相互促进，从而提高国家创新系统的绩效。然而，根据美国信息技术与创新基金会（ITIF）和美国考夫曼基金会（Kauffman Foundation）联合发布的《2012全球创新政策指数报告》，在全球55个国家中，我国的创新政策评价排名落后，处

---

[1] 数据来源：《中国科技统计年鉴2012》。
[2] 数据来源：中国新闻网，http://www.chinanews.com/cj/2011/09-20/3339514.shtml。

在中低级水平国家行列之中。那么,我们应该如何看待现阶段我国创新绩效问题,有哪些因素造成中国创新绩效没有伴随创新投入获得相应增长?创新政策对创新绩效究竟带来的是积极的效应还是消极的影响?在实践中所实施的各种类型的创新政策效果如何?我国创新政策提升国家创新系统的绩效的突破口是什么?究竟什么样的政策工具才是切实可行并且行之有效?这些都是理论上和实践中无法回避的问题。近年来我国学术界对于这些问题已经进行了大量的研究并取得了较好的研究成果,形成了许多重要的创新政策理论依据和规范化的实证分析结论,为后续研究提供了借鉴和参考。理论研究主要体现在学者大多依照 Freeman 和 Nelson 的路径,对国家创新体系的内涵、构成要素、功能以及创新政策干预的必要性、评估原则、步骤、框架、经验借鉴等方面。实证研究主要体现在对国家创新系统效率的测度和创新政策的评估和效应考察上,大部分的实证研究集中于单项政策工具的效应。但在已有的研究中,多数还局限于对国家创新系统或创新政策的单独研究,或只是关注创新政策具体形式与创新绩效间的关系,而从国家创新系统的框架下来全面把握创新政策的研究成果还不多见,相应的,更是缺少对创新政策影响国家创新系统绩效的作用路径以及传导机制的理论依据。为了更好地发挥创新政策在提高国家创新系统绩效、提升我国自主创新能力方面的作用,本书将尝试根据 Wieczorek 和 Hekkert (2012) 的国家创新系统问题分析框架,来回答上述问题,从而为促进我国创新能力提升,提供科学依据和借鉴参考。

1.1.3 研究意义

党的十八大报告明确指出,要实施创新驱动发展战略,创新已经成为加快转变经济发展方式的重要支撑。建设高效的国家创新体系需要制定和完善一整套促进创新的政策。国务院提出的《国家中长期科学和技术发展纲要(2006—2020 年)》强调了制定和完善更加有效的政策与措施的重要性,体现在其明确要求要建立健全提高国家创新能力的政策体系。因此,在当前"创新驱动,转型发展"的社会经济发展的背景下,开展提升国家创新系统绩效的创新政策研究,对我们进行创新实践应该具有重要的理论科学意义和社会应用价值。

1. 理论意义

(1) 丰富我国创新政策和国家创新系统理论研究。创新过程是一个充满不确定性的复杂过程，受到创新微观主体多样性和外部宏观环境不确定性的影响。由规则驱动的政策可以主动影响个人和集体行为，从而减少创新过程中的复杂性和不确定性。国际上对创新政策的系统性研究始于20世纪90年代，而我国的相关研究尚处于起步阶段，本书从创新政策工具的综合效应出发，运用计量经济模型深入分析各项创新政策对创新系统绩效影响，旨在丰富我国创新政策和国家创新系统的理论研究。

（2）揭示我国创新政策体系影响国家创新系统的作用机制。本书将探索性展开对创新政策体系影响国家创新系统的传导路径和作用机制的研究。这一机制的探索，将有助于深入理解不同的政策措施和政策工具与微观创新主体的创新行为以及外部宏观环境的联系渠道，也有助于了解如何从国家创新系统理论到创新政策的制定，以及创新政策调控的切入点，为政策制定者和政策评估者提供一个更具有操作性的分析框架。

（3）拓展创新政策促进创新活动的政策效果研究。创新和发明在空间上并不是均匀分布，往往是集中在特定的地区。尤其对于我国而言，区域差异更加明显。本书从国家创新系统的角度，尝试在理论分析及模型构建基础上，利用省际层面的面板数据进行实证研究，来分析和评价我国创新政策的宏观效应，从而拓展创新政策效应评价方法，丰富创新系统绩效评价内容。

2. 现实意义

我国正处在"增长速度进入换挡期、结构调整面临阵痛期、前期刺激政策消化期"的"三期叠加"阶段，在劳动力成本上升和创新资源约束的情况下，识别影响国家创新系统绩效的主要因素，发挥创新政策的导向、激励、调控和保障等作用，对提升我国创新能力具有重要的现实意义。

（1）有利于提升我国创新政策对创新系统的支持效果。我国明确提出建设创新政策体系也就短短几年的时间，正处于起步阶段，各项为促进创新的政策都存在着需要完善的问题。从应用的层面来看，由于我国条块分割比较严重，各个地区有自身的资源禀赋和文化价值观，从而具有不同的经济发展水平，这些都影响着各地区对创新政策的敏感性，进而产生不同的创新政策效果。只有找出影响每个地区创新绩效的主要因素，才能使创新政策有的放矢，从而从整体上提高我国创新系统的绩效，本书为此提供了重要的政策建议。

（2）为有关决策部门制定创新政策提供一个动态模拟平台。本书通过构建创新政策影响国家创新系统的概念模型，拟在一个统一的研究框架中系统地评估创新绩效的决定因素，基于超效率指数平滑指标异同移动平均线（DEA）和面板回归模型分析两步法的研究，不仅关注创新政策的总体效应和时空差异，还致力于了解各类创新政策的相对贡献和作用，为有关决策部门制定研发政策提供一个动态模拟平台，从而发挥政策体系的联动作用，促进各类创新政策形成合力。

1.2 概念界定

1.2.1 国家创新系统

目前，国家创新系统还没有一个统一的定义，国内外有关学者关于国家创新系统的一些有代表性的定义参见表1-1。我国国家创新体系发展报告（2008）将国家创新体系定义为一个国家整合创新要素所构成的社会网络。总体分析，虽然不同学者的表述各异，但都包含了三个方面的重要内容：国家创新系统的组成部分、系统的活动以及系统的作用。结合本书的研究问题，将国家创新系统定义为由创新参与者（主要包括企业、高校、研究机构、中介机构和政府）以及促进创新参与者相互作用和相互影响的制度（包括软制度和硬制度）组成的网络系统，致力于新知识的创造、转移、扩散和使用，从而提高一国的整体创新能力和创新绩效（见表1-1）。

表1-1　　　　　有关学者关于国家创新系统的定义

来　源	定　义
Freeman，1987	国家创新系统是由公共部门和私营部门中各种机构组成的网络，这些机构的活动和相互影响促进了新技术的开发、引进、改进和扩散
Lundvall，1992	国家创新系统是指一国在新的和经济实用型知识生产、扩散和使用的过程中，各种要素和要素间相互联系作用构成的网络系统

续表

来　源	定　义
Nelson 和 Rosenberg, 1993	国家创新系统由一系列机构、制度组成，机构和制度之间的相互作用决定了企业的创新绩效
Niosi, 1993	国家创新系统是由一些促进国家科技生产力的公、私企业、大学、政府及其相互作用所组成，涉及到技术、商业、法律、社会及金融等各方面，其目标是发展、保护、融资及管制新的科学技术
Patel 和 Pavitt, 1994	国家创新系统是一个国家制度安排、组织效率和国家竞争力的体现，决定了一个国家技术学习的速度和方向
OECD, 1999	国家创新系统是由不同机构组成的集合，致力于新技术的开发和扩散，并向政府提供了一个制定及执行政策以影响创新过程的框架，知识流动是联系国家创新体系结构各主体的核心要素
Edquist, 2000	国家创新系统是所有影响着发展、传播和应用创新的重要经济、社会、政治、组织、制度等因素的集合
石定寰和柳卸林, 1999	国家创新系统是由政府和社会部门组成的、以推动技术创新为目的的机构和制度网络
王春法, 2003	国家创新系统是在一个国家之内由知识与人力资本的使用者、生产者以及转移机构之间的相互作用形成的一种创新活动推动网络，是一种有关科学技术与经济增长过程之中的制度安排

资料来源：根据相关文献资料整理。

1.2.2　创新政策

创新政策是20世纪80年代在西欧兴起的，随着国际环境的变化，国内外学者对其做了许多的探讨，其内涵有了很大的拓展和延伸，比较有代表性的定义参见表1-2。虽然关于创新政策的定义未能达成统一的表述，却存在着四点共识：是科技进步与经济发展相互协调的产物、以创新活动作为政策对象、是一个政策体系、是一个整合的概念①。结合本书研究的问题，以国家创新系统理论为基础，并借鉴经济合作与发展组织（以下简称OECD）和世界银行（World Bank）称之为"政策组合"的概念，将创新政策定义为政府制定的为

---

① 范柏乃、段忠贤、江蕾："创新政策研究与评述"[J]，《软科学》，2012年第11期。

培养国家创新系统创新参与者创新意愿、提高创新参与者的创新能力、培育创新环境以及促进知识、资源、资金在创新参与者之间流动,从而实现创新参与者相互联系和相互影响的所有政策和措施的组合。

表 1-2　　　　　　　　　　　创新政策的代表性定义

来　源	定　义
Rothwell 和 Zegveld,1982	创新政策包括科技政策与产业政策两部分
Gaudin,1985	创新政策是一种社会的、经济和文化的政策,应包括支持创新者、技术文化和减少创新障碍这三个框架
OECD,1990	创新政策与经济政策和科技政策密切相关,发展创新政策的目的是要把科技政策与政府的其他政策,特别是经济、社会和产业政策,包括能源、教育和人力资源政策形成一个整体
Dodgsonh 和 Bessant,1996	创新政策是政府为了推动技术创新的各种政策的综合
Edquist,1999	创新政策是影响技术创新和其他类型创新的政府行为,它包括研发政策、技术政策、基础设施政策、区域政策和教育政策
Lundvall 和 Borras,2005	科学政策、技术政策和创新政策是不同的,但存在交叉和重叠。科学政策聚焦于产品和科学知识;技术政策聚焦于部门技术知识的推进和商品化;而创新政策关注的是经济的整体创新绩效
Luke Georghiou,2006	创新政策是任何能帮助企业提高创新能力的政策,包括提供研究和教育的科学基础设施及直接、间接的技术开发支持,还包括一系列旨在构建网络的政策,使市场更加有利于创新,促进科技的转移,帮助公司掌握相关的能力,在各领域提供基础设施的帮助,如标准和知识产权
连燕华,1999	创新政策是一个政策体系,是一个国家为促进技术创新活动、规范技术创新行为而采取的各种直接和间接的政策与措施的总和
陈劲和王飞绒,2005	创新政策指的是一国政府为促进技术创新活动的产生和发展,以及规范创新主体的行为而制定并运用各种直接或间接的政策措施的总和

资料来源:根据相关文献资料整理。

1.2.3　绩效

关于绩效的含义,因时期、组织类型和学科而异。《韦氏词典》对绩效的解释,是指完成某种任务或达到某个目标,具有功能性的特征。经济学中,绩效通常定义为与成本相对而言的所取得的成果,或者更一般地被作为与投入相比较而言的产出(Brenner 和 Broekel,2011)[①]。本书参照萧鸣政(2007)对绩效内涵的认识,结合本书研究的问题来对其进行界定。萧鸣政认为绩效的内涵主要体现在效果、效率和效益三个方面,效果指的是目标的达到程度,效率指的是投入与产出的关系,效益指的是最终成果给组织或个体带来的经济效益、社会效益与时间效益。基于绩效必须客观存在、必须是产生了实际作用的实践活动结果、应该体现一定的主体和客体之间的关系、应该体现投入与产出的对比关系、应该有一定的可度量性,本书将绩效定义为一国为提高创新能力,在一定时间范围内,在一定的创新资源配置条件下创新投入与产出之间的量化关系。

1.3 研究内容和研究方法

1.3.1 研究内容及技术路线

本书的正文共有七章,逻辑结构安排如下:

第 1 章"导论"。在知识经济时代,知识和技术成为经济社会发展的核心驱动力,面对日益复杂和高度不确定的国际环境,创新成为世界各国提高综合国力、保持竞争优势的关键,而一个国家的创新能力和竞争优势越来越取决于其是否构建一个完整而有效的国家创新体系。在这一背景下,提出有哪些因素影响国家创新系统绩效、创新政策对国家创新系统绩效影响的综合效果如何、创新政策工具是否可行并有效的问题,并对书中的研究意义进行阐述,界定国家创新系统、创新政策、绩效的概念,介绍本书的主要研究内容、研究方法、技术路线、创新点和不足之处。

第 2 章"理论基础和文献综述",通过系统梳理有关创新政策干预的相关

---

① Brenner T, Broekel T. *Methodological Issues in Measuring Innovation Performance of Spatial Units* [J]. Industry and Innovation, 2011, 18 (1): 7-37.

理论和国家创新系统的相关理论的发展脉络，指出国家创新系统是创新政策制定的理论基础和框架，而创新政策主要是通过解决系统问题来发挥作用。在评述相关的理论过程中，总结得到影响国家创新系统绩效的三个主要问题：一是创新参与者是否愿意参与创新活动；二是创新参与者是否有能力参与创新活动；三是是否存在创新的环境。在此基础上，进一步明确创新政策的作用对象，从而进一步挖掘创新政策影响国家创新系统的传导路径。同时，通过对创新政策工具的归纳，并梳理相关的创新政策效应实证研究，厘清各项政策对创新绩效产生的影响。

第3章"创新政策影响国家创新系统绩效的作用机理"，通过构建创新政策影响国家创新系统绩效的传导路径模型框架，分别从创新行为主体培育、创新行为主体能力建设和创新环境优化三个方面研究了创新政策的"政策内涵—政策功能—政策目标"的作用机制，指出在创新主体培育上，政策的功能定位是创新动力激发；在创新主体能力建设上，政策的功能定位是创新资源供给和创新网络建设；而在创新环境优化上，政策的功能定位为基础设施配套和创新制度保障。

第4章"创新政策影响国家创新系统绩效的概念模型和研究假设"，基于前面的理论分析和相关的实证文献分析，根据各国为促进创新采取的措施，将创新政策分解为财税政策、金融政策、人力资本政策、政府采购政策、知识产权保护政策、开放政策和基础设施政策七个维度，结合创新政策影响国家创新系统绩效的作用机理，将创新政策纳入到统一的政策体系框架之中，系统地构建了创新政策影响国家创新系统绩效的概念模型，并提出待验证的各个维度上的政策与国家创新系统绩效的关系的假设。

第5章"国家创新系统绩效的测度及分析"，本章主要应用非参数技术的超效率网络数据包络模型（Super-Efficiency DEA），选取二十国集团（G20）中的国家和地区2000—2012年的创新面板数据，采用"研发支出总额占GDP比重、百万人口中R&D研究人员人数、公共教育支出总额占GDP比重、外国直接投资净流入、货物和服务进口总额占GDP比重"五个指标来衡量创新投入，采用"每百万人中三方专利授权量、高科技出口占制成品出口的比重、劳动生产率"三个指标来衡量创新产出，对样本国家的创新效率进行系统性测度，从而明确中国在全球创新体系中所处的位置，回答如何看待我国创新绩效的问题。

第 6 章 "创新政策影响国家创新系统绩效的实证分析——基于中国省际面板数据模型的研究",本章在第 4 章提出的理论模型和研究假设的基础上,采用两步法来研究创新政策对国家创新系统绩效的研究:首先采用超效率 DEA 分析得到我国 30 个省(区、市)的效率值,然后将此效率值作为因变量,用创新政策工具的执行变量作为自变量建立面板数据回归模型,从而分析各项创新政策因素对被解释变量的影响。本章运用 2000—2011 年我国 30 个省(区、市)的相关面板数据,从七个维度来研究影响我国创新系统绩效的创新政策因素;并通过区分全国总体样本和东部、中部、西部地区样本,来考察创新政策的空间差异,从而回答我国创新政策提升国家创新系统的绩效的突破口在哪、究竟怎样具体的政策工具才是切实可行并且行之有效的问题。另外,本书通过实证研究检验了影响国家创新系统绩效的政策干预和市场力量的关系,试图更好地提出完善创新政策的建议,使其对提升国家创新系统绩效水平发挥更强大的作用。最后,对实证计量检验的基本结论进行解释,为政策体系的完善提供思路与参考。

第 7 章 "研究结论、启示与展望",作为本书的结尾部分,对所得到的研究结论进行了概括和总结,对完善提升我国国家创新系统绩效的创新政策体系提出相关对策建议,并针对本研究的不足之处和有待解决的问题,指出可以进一步深入研究的重点,明确今后的研究方向。

本书的结构框架如图 1-1 所示。

1.3.2 研究方法和数据来源

1. 研究方法

(1) 方法论——历史与逻辑相统一。从改革开放时期直至现在,我国创新政策和国家创新体系的演进是个历史的过程。构成国家创新系统内的创新主体之间的关系,在每个阶段具有不同的特征,创新政策在每个阶段也有不同的重点,为此,在完善国家创新体系的过程中包含其内在的逻辑性。

(2) 研究方法——规范研究和实证研究相结合。规范研究方面,针对研究内容,借助互联网、电子数据库和期刊杂志等信息来源,广泛搜集国内外相关研究资料,对涉及创新政策的内涵以及创新政策干预合理性的演进、创新政策工具、国家创新系统的内涵、国家创新系统失效问题以及创新系统绩效衡量

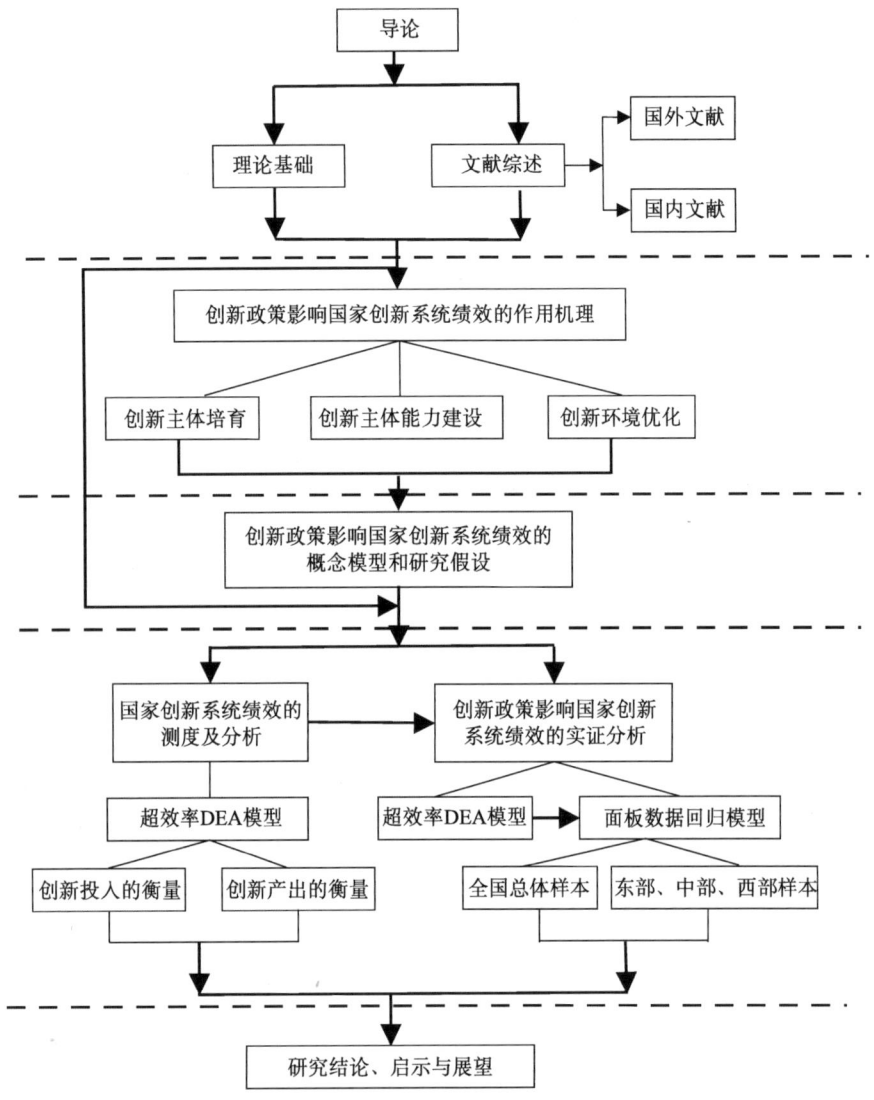

图 1-1 本书结构框架示意图

等进行系统梳理，充分了解与论文相关理论的最新研究动态。借鉴前人的研究成果，探索创新政策影响国家创新系统绩效的传导机制，构建本研究的研究构思和理论模型。实证研究方面，本书充分利用了统计学、计量经济学的工具和方法，在研究创新政策对创新系统绩效的影响时，通过相关理论和经验研究得出初步假设，再应用计量经济模型工具 Max DEA Pro 6.2 软件、Eviews 6.0 软件进行实证分析。

（3）分析技术——超效率 DEA 模型和面板数据回归模型。本书在考察我国国家创新系统绩效方面，主要采用非参数技术的超效率数据包络模型（Super - Efficiency DEA），系统性地测度我国国家创新系统的效率。在考察我国创新政策对国家创新系统绩效产生的综合效应时，首先采用超效率 DEA 模型得到创新系统绩效值，再运用面板数据回归模型，分析创新政策对国家创新系统绩效的影响，同时通过区分全国样本和东部、中部、西部样本，考察创新政策对创新系统绩效影响的空间差异以及每个地区的政策需求的不一致。

2. 样本选择与数据来源

第 5 章中选取二十国集团（G20），涵盖了世界主要发达国家以及发展中国家中具有影响力的主要国家，其 2000—2012 年面板数据主要来源于世界银行数据库、OECD 数据库和 UIS 数据库；第 6 章中选取我国 30 个省（区、市）（不包括港澳台和西藏）2000—2011 年面板数据来自于《中国统计年鉴》、《中国科技统计年鉴》、中国科技统计数据库、各地区统计年鉴 2012 和《新中国六十年统计资料汇编》、《中国律师年鉴 2000》以及樊纲等主编的《中国市场化指数——各地区市场化相对进程报告》（2004 年、2006 年、2009 年、2011 年）。

1.4 研究的创新和局限之处

1.4.1 创新之处

本书在充分梳理前人研究成果的基础上，将创新政策和国家创新系统作为研究主体进行了系统研究，试图在如下方面有所创新。

（1）从国家创新系统的视角考察创新政策的综合效应。目前，虽然国内很多学者就国家创新系统和创新政策从不同角度进行了大量研究，但是，一方面，以往的研究主要是对两者分别展开，或者是仅仅从企业的角度来研究创新政策对企业创新能力的影响，而从国家创新系统的高度把创新政策纳入到统一的分析框架中来阐述创新政策效应的系统研究还比较缺乏；另一方面，因为创新政策是一个体系，涉及财政、金融、人才教育、产业、贸易以及法律法规等诸多方面的措施，所以很多的研究成果集中在某一类别的创新政策的效应研究上，关于创新政策的综合效应的研究比较少。本书以此作为研究的切入点，试图突破现有研究只是针对某一维度的政策的单独研究，或仅对其中某两类或三类政策措施研究的不完善，实证检验创新政策体系的综合效应。

（2）拓展创新政策相关的理论研究。一方面，从影响创新的因素来讲，大量的研究关注的是组织层面的因素，如组织结构、团队结构、创新过程等，同时还有一些研究关注的是个体层面的因素，如个人的认知能力、企业家精神等。而本书关注的是创新政策的功能和作用；另一方面，源于创新系统理论的系统失效，已经成为创新政策干预的理论基础。我国已有学者根据系统失效的思想，来探讨创新政策的制定流程，但并未进一步挖掘创新政策作用于创新系统的各种传导机制。本研究基于国家创新系统的内涵，推导出创新政策对国家创新系统绩效提升的作用，是经过创新主体培育、创新主体能力建设和创新环境优化三个方面的政策效应传导而成，并相应地构建了创新政策的"政策工具—政策功能—政策目标"传导机制，从而能够更为明确地指导政策实践，试图对创新政策的理论方面的研究进行拓展。

（3）区分创新政策效应的区域差异，考察创新政策和市场机制的关系，从而使对创新政策效应的分析更加贴近经济运行的现实。本书基于地区的视角，检验了创新政策对创新系统绩效的影响效应，将样本区分为全国和东部、中部、西部来检验同一类别的创新政策是否在不同地区的实施绩效存在显著性差异，从而避免政策"一刀切"的误区。另外，在针对全国样本时，本书还设定三个面板模型，实证检验了创新系统中创新政策干预和市场力量的关系，并对创新政策、市场力量分别对国家创新系统绩效的影响以及创新政策和市场力量两者同时对国家创新系统绩效的综合效应进行了对比，更加清晰地把握完善创新政策、提升创新系统绩效的政策建议。

1.4.2 局限之处

本书探讨的创新政策对国家创新系统的传导路径和传导机制，针对这一问题的研究可供借鉴的成果不多。尽管很长时间以来虽认识到创新政策对创新有影响，但需要借助重要的中间变量来阐述这些影响，对于这些中间变量的研究才刚刚开始，本书尝试着进行研究。

本书的不足之处还在于相关统计数据可得性方面的限制。一方面，在金融政策、基础设施政策、人才政策等政策工具执行变量的选取过程中，难以找到全面的统计数据，本研究选择了"舍弃"和"替代"的做法，使指标体系不够完善，一定程度上影响了研究结论的全面性；另一方面，相关年鉴对创新政策体系各政策工具的执行变量的统计时间不一致、不连续，即统计制度上的缺陷，致使本书的实证研究时间跨度较短，一定程度上影响了对模型参数估计结果的稳定性。

第 2 章
理论基础和文献综述

创新政策和国家创新系统之间的关系是本书研究的主题，本章通过文献调研法，对创新政策和国家创新系统的研究进行了全面地述评。首先，基于国家创新系统理论、创新政策理论，找到创新政策作用国家创新系统的途径；接着，探讨了国家创新系统绩效常用的评价方法和指标；最后，介绍了国内外对创新政策和创新绩效的研究现状，并指出目前国内外研究的特点和不足。本章通过系统性地文献回顾，以期为第 3 章机理分析、第 4 章理论模型的构建和后续的实证研究奠定基础。

2.1 国家创新系统理论综述

2.1.1 国家创新系统的内涵

"国家创新系统"这个概念是由英国经济学家 Christophe Freeman 在 1987 年首先提出来的。Freeman 构建的国家创新系统的框架主要包括政府政策、企业的研究开发、产业结构和教育培训 4 个主要因素。1993 年在 Nelson 主编出版的《国家创新系统》一书中，明确指出大学和研究机构、政府和厂商是创新系统的核心。此后，国家创新系统作为一个新的技术创新研究视角被纳入了新熊彼特学派的武库之中。但是，无论是 Freeman 还是 Nelson，都没有明确对国家创新系统进行定义。Lundvall（1992）根据用户——生产者相互作用的分析方法认为政府的作用是影响用户和生产者相互作用的一个重要因素，并认为国家创新系统可以定义为"一个创新系统是由在新的、有经济价值的知识的生产、扩散和使用上互相作用的要素和关系所构成"[1]。Patel 和 Pavitt（1994）从政策的角度，来解释某些国家之间技术差距不断扩大这一现象，他们运用国家创新系统理论来理解国家在投资上的差异和不同模式，并把国家创新系统定义为"决定一个国家内技术学习的方向和速度的国家制度、激励结构和竞争力"[2]。Lundvall 和 Patel、Pavitt 都把政府部门、企业、大学科研机构和教育部门纳入国家创新系统框架之中，Patel 和 Pavitt 强调系统中激励的作用，而 Lundvall 强调的是互相作用的学习的作用。Porter（1990）将国家创新系统的微观机制与其宏观运行实绩联系起来，提出了决定国家优势的四个因素，分别为要素条件、需求条件、相关的支持产业和企业的战略与竞争状况，而政府可以通过制定政策来影响每一个因素[3]。近年来，OECD 的专家们通过收集和分析各种指标，实用化创新系统这一思想，认为政府部门、企业、大学科研机构和中介部门构成国家创新系统的框架，强调系统中各种机构的相互联系和知识的循环流转。从这个框架出发，OECD 开发了国家创新系统的政策意义，体现在致力于创新中的"系统问题"或纠正"系统失效"，加强整个创新系统内的互相作用和联系的网络。在 OECD 框架中，建设国家创新系统应当由政府承担，属于政府职能的范畴。

从以上国家创新系统的主要流派观点来看，国家创新系统是由一组相互作用的生产和实现知识创新的机构（或行为主体）组成，这已形成共识。从这个角度来看，经济体的创新绩效不是仅仅取决于单个机构的表现，而是取决于知识的创造和使用的系统的每个组成部分如何互相影响（Rycroft 和 Kash，2004；Calia 等人，2007），这是一个动态过程（Smith，2001）。理解创新复杂的互动学习过程，对制定和实施任何支持创新的政策，具有重要意义，它影响

---

[1]　Lundvall B A. *User – Producer Relationships*, *National Systems of Innovation and Internationalisation* [J]. National Systems of Innovation: Towards a theory of Innovation and Interactive Learning, 1992: 45 – 67.

[2]　Patel P, Pavitt K. *National Innovation Systems*: *Why They Are Important, and How they might be measured and Compared* [J]. Economics of Innovation and New Technology, 1994, 3 (1): 77 – 95.

[3]　M. Porter, *The Competitive Advantage of Nations* [D], The Macmillan Press, 1990.

政策的焦点、政策工具和政策理由（Chaminade 和 Edquist，2007）[①]。国家创新系统方法主要关注系统的操作性，强调系统中发生在不同组织和制度间的复杂的相互作用。所以，政策制定者需要对系统运行不好的地方也就是存在系统问题的地方进行干预（Edquist，2005）。可见，国家创新系统为创新政策制定提供了有效的理论基础和分析框架。

2.1.2　国家创新系统的"系统问题"[②]

为了能够识别系统问题，政策制定者需要很好地理解系统绩效（性能）以及系统是如何运作的。学术界主要从两个角度来分析国家创新系统，试图为政策制定者提供参考。以 Lundvall（1992）和 Nelson（1993）为代表的一批学者基于系统构成要素的角度，通过重点关注系统的"组织和制度"以及他们之间的相互关系，探查"系统问题"；以 Johnson（1998）、Bergek（2002）和 Edquist（2004，2011）为代表的学者强调系统活动（功能），这些活动是创新过程（创新产生和扩散）中的决定因素，从系统功能的角度来诊断系统问题。Wieczorek 和 Hekkert（2012）认为政策只能通过结构要素来影响功能，他们在一个系统的政策框架里结合要素和功能视角，提出结构—功能分析框架，来识别系统问题，并给出了解决系统问题的政策工具建议。

1. 国家创新系统构成要素的角度

组织和制度是创新系统的主要组成要素，这已成为共识（Ediqust，2001）。组织是有意设立的具有明确目的的正式结构，他们是参与者或行为者（Edquist 和 Johnson，1997）。这些重要的组织包括企业（可以是供应商、客户或竞争对手）、大学、风险投资机构和负责创新政策的公共机构（Edquist，2001）。制度是管理个人、团体和组织之间关系的常见习惯、规范、惯例、例程、规则和法律（Edquis 和 Johnson，1997）的集合，他们是"游戏规则"。显然，对于组织和制度的界定带有诺斯特点（Northian Character），区分了

---

① Chaminade C，Edquist C. *From Theory to Practice：The Use of The Systems of Innovation Approach in Innovation Policy* [J]．Innovation，Science and Institutional Change，Oxford University Press，Oxford，2006．

② 这里使用"问题"一词，而不是使用"失灵"，是根据 Edquist（2005）的分析：失灵是一个与最优相关的概念，而创新过程具有路径依赖的特征，系统从没有达到平衡，与最优概念无关，所以在系统分析中，失灵的概念失去意义。

"游戏规则"和"游戏玩家"(*Chaminade* 和 *Edquist*,2006)①。组织和制度之间的关系对于创新和创新系统的运作非常重要。Edquist 和 Johnson 认为(1997),一方面组织和制度是一种相互嵌入的复杂双向关系,影响创新过程,也影响创新系统的绩效;另一方面,组织直接建立制度,制度也是组织创建的基础。

综合来看,立足于构成要素角度的学者,提出造成系统失效主要由以下几类"失灵"导致:

(1)基础设施失灵(Edquist 等,1998;Smith,1999)。涉及的是创新主体发挥功能所依赖的物质基础设施(如电信、道路、信息技术)和科技基础设施(如大学、研究实验室、技术机构等)。

(2)转型失灵(Smith,1999)。企业或其他行为主体遇到技术问题或面临超过他们当前能力的技术范式时出现的困难,无法摆脱其现有的技术。

(3)锁定失灵或路径依赖失灵(Smith,1999)。源于社会技术系统的惯性,不能适应新技术范式,阻碍更有效的技术的产生和扩散。

(4)硬制度失灵(Smith,1999)和软制度失灵(Smith,1999;Carlsson 和 Jacobsson,1997)。硬制度失灵是指由法律系统和规则构成的正式制度的失灵,正式制度的制定带有特定目的,具有很强的针对性和普适性。软制度失灵是指由社会文化、价值观和习俗等构成的非正式制度的失灵,非正式制度是社会发展进程中自发产生的。

(5)强网络失灵和弱网络失灵(Carlsson 和 Jacobsson,1997)。强网络失灵是指由于行为主体之间联系过于紧密,而造成演进"盲区",排斥来自外部的新知识,错过新的外部发展。弱网络失灵是指行为主体之间缺乏互动,不能充分利用彼此的互补性知识和技能,无法互动学习。Malerba(1997)把这种现象称为"动态互补失灵"。

(6)能力失灵(Malerba,1997;Smith,1999)。企业,尤其是小企业缺乏快速地和有效地学习能力,从而锁定在现有技术当中,无法实现从原有技术范式向新技术范式的跃迁。

因为"制度"一词往往用来指"组织",所以在区分如何界定失灵而形成

---

① Chaminade C, Edquist C. *From Theory to Practice: The Use of The Systems of Innovation Approach in Innovation Policy* [J]. Innovation, Science and Institutional Change, Oxford University Press, Oxford, 2006.

互相排斥的定义时，仍然会存在一些混淆。不同的学者使用不同的术语来描述相同或相似的概念，或者是在同一标题下对不同的问题进行分类（Klein Woolthuis 等人，2005）①。而传统的制度主义经济学家有更为具体的用法，制度对应规则，组织就是参与者（Bryant，1999）。Klein Woolthuis 等人（2005）参照制度经济学的定义，重新构造了分析系统问题的框架，并将系统失效加以概念化——基础设施失灵（通信、能源、科技基础设施）、制度失灵（技术标准，劳动法，风险管理规则，健康和安全法规，和与合同、就业、知识产权等有关的一般法律体系等的硬制度方面的失灵；社会文化、价值观、社会规范、企业家精神、与其他主体分享资源的意愿、信任倾向和风险规避程度等软制度方面的失灵）、互动失灵（缺乏互补关系的联系的弱网络失灵；涉及错误方向网络指示的强网络失灵）和能力失灵（缺乏竞争力）。这个系统失效分析框架区分了参与者和规则，能够清楚地判断失灵是来自参与者方面还是来自规则方面。这就提供了一个详细的原因解释，从而能够分析哪里存在瓶颈，并设计相应的政策措施。

2. 国家创新系统功能的角度

创新系统的主要功能或者说总体功能是创新的产生、扩散和使用（Edquist，2005）。为了判断系统的功能良好与否，需要识别影响创新过程（创新的产生、扩散和使用）的因素。Jacobsson 和 Johnson 将系统功能定义为"一个或一系列要素对系统绩效的贡献"②。

Galli 和 Teubal（1997）在讨论创新系统的演进时，从创新系统中典型模块直接外推出系统的七个功能，包括研发活动、向第三方（业务部门和公共行政管理部门）提供科学和技术服务、传播信息、知识和技术、传播科学文化、制定和实施专利、法律和标准等制度、专业协调。Liu 和 White（2001）也用了系统模块到功能的直接外推法，专注于系统的研究（基本，开发，工程）、实施（制造）、最终使用（客户的产品或过程的输出）、联系（汇集互补

---

① Klein Woolthuis R, Lankhuizen M, Gilsing V. *A System Failure Framework for Innovation Policy Design* [J]. Technovation, 2005, 25（6）: 609–619.

② Johnson A, Jacobsson S. *Inducement and Blocking Mechanisms in The Development of A New Industry: The Case of Renewable Energy Technology in Sweden* [J]. Technology and The Market, Demand, Users and Innovation, Edward Elgar, 2001: 89–111.

性知识）和教育五个活动，解决了国家创新系统研究当中缺乏系统层面解释因素的问题（Hekkert 等，2007）[①]。Johnson（1998，2001）完全致力于功能的概念，提出系统具有为企业从事创新工作提供激励、提供资源（资本和能力）、引导搜索方向（影响行为参与者的选择方向和资源部署）、识别潜在的增长（识别技术可能性和经济可行性）、促进信息和知识交流、刺激或创造市场、减少社会的不确定性和创造正当性 8 个功能，其随后的实证研究中，Carlsson 等（2005）将这些精简为创造新知识、引导搜索过程的方向、供应资源、促进创造积极的外部经济和促进市场的形成 5 个功能。Hekkert 等（2007）基于荷兰乌特勒支大学的实证研究，提出 7 个功能来映射创新系统中的活动，并用以描述和解释特定的技术创新系统，这 7 个功能分别是企业家活动、知识生产、知识扩散、信息指引、市场形成、资源配置及创造正当性。Bergek（2008）也认为创新系统具备 7 个功能，但他归纳的创新系统功能不同于 Hekkert，他认为创新系统的功能包括知识生产和扩散、创业性试验、对搜索方向的影响、市场形成、发展正外部性、创造正当性和资源配置。Edquist（2011）为了避免社会学中"功能主义"或"功能分析"的含义，使用"活动"一词来替代"功能"。功能主义侧重的是现象的结果而不是其决定因素[②]。这就提供了更加动态的视角，能够找出影响特定创新过程的活动是如何改变创新绩效的。具体而言，Edquist 把创新系统的活动分为四类：第一，为创新过程提供知识投入，这方面的主要活动是提供研发结果，和通过培训和教育对个人或组织进行能力建设；第二，需求方面的活动，主要是创建市场和设立质量标准；第三，提供系统要素，例如为开发新的创新领域而创建和改变组织、通过市场或其他机制在不同组织之间创建互动学习网络、设立或改变制度，如专利法、税法、环境和安全法规、研发投资例行程序、文化准则等；第四，为创新公司提供的支持服务，如孵化器、咨询和融资服务。总体而言，这种基于活动的方法，涉及构成创新政策的具体政策领域的更多细节，并且突出了重要政府活动的细节[③]。

[①] Hekkert M P, Suurs R A A, Negro S O, et al. Functions of Innovation Systems: A New Approach for Analysing Technological Change [J]. Technological Forecasting and Social Change, 2007, 74 (4): 413 – 432.

[②] Edquist C. Design of Innovation Policy Through Diagnostic Analysis: Identification of Systemic problems (or failures) [J]. Industrial and Corporate Change, 2011, 20 (6): 1725 – 1753.

[③] Karo E. Modernizing Governance of Innovation Policy Through "Decentralization": A New Fashion or A Threat to State Capacities? [J]. Innovation: Management, Policy & Practice, 2012, 14 (4): 495 – 509.

从以上具体的功能可以看到，这种视角的分析具有三个优势。其一，使比较具有不同机构设置的创新系统的绩效更加可行；其二，内部动力是由功能相互作用创造的，这可能出现累积和循环因果关系，通过研究功能之间的反馈循环，从而得到系统内在动力图；其三，功能视角为政策制定者确立政策目标，以及选择实现目标需要采取的工具提供了很好的分析框架。理解创新系统中活动的动态性，是识别政府在提高创新系统绩效过程中所发挥的作用的有用出发点。

3. 国家创新系统的结构—功能分析框架

相比于早期的文献，近些年更多的文献重视对系统功能和活动的分析。但这并不意味着我们可以忽略或忽视创新系统的构成要素和要素之间的关系。系统的组织是系统活动的执行者，系统的制度为系统活动提供激励[1]。Wieczorek和Hekkert（2012）结合要素和功能视角，提出了结构—功能分析框架。在他们构建的框架当中，参与者、互动、制度和基础设施构成系统的结构要素，从这四个要素出发分析为何系统功能没有得到很好发挥，并进一步探究问题产生的原因：参与者以及他们之间互动是否缺失或能力不足、制度是否缺失或制度效力不足，以及基础设施缺失或质量不高，以此为依据来设立政策工具的目标和用何种政策工具来促进目标达成。基于此思路，他们提出了制定和分析创新政策的五阶段法：阶段一，映射结构要素和他们的能力；阶段二，耦合功能——结构分析；阶段三，识别系统问题；阶段四，设定政策工具要实现的目标；阶段五，设计政策工具。

通过回顾和梳理关于创新系统问题和功能（或活动）的文献，我们可以得到以下几个结论：第一，创新政策对提高国家创新系统的绩效起着很重要的作用；第二，创新系统为识别特定的政策问题提供了一个分析框架，政策制定者可以通过分析系统问题，这些问题应该是政策目标，有助于详细说明如何可以设计解决和缓解这些问题的创新政策，从而有针对性的提供政策供给来提高国家创新系统绩效。

---

[1] Edquist C. *The Systems of Innovation Approach and Innovation Policy: An Account of The State of The Art* [C] h//DRUID Conference, Aalborg. 2001: 12-15.

2.2 创新政策理论综述

根据王春法（1998）对技术创新政策研究所总结的三个核心问题，笔者认为国内外学者对创新政策的研究主要是围绕以下两个问题进行的：（1）应该以什么样的创新理论作为创新政策的设计的理论基础？（2）对于达到既定的创新目标而言，什么样的创新工具最为有效？

2.2.1 创新政策的理论基础

在过去的十年中，创新政策日益受到关注，即使对于发达国家，创新政策也成为了促进经济增长和改善社会福利的关键（Manjón 和 Merino，2012）[①]。从现有创新型国家的成功经验来看，制定和完善创新政策是激励全社会创新、赢取竞争优势的有效手段。对创新政策的研究是对创新理论研究的一个自然延伸。由于遵循的研究传统不同，西方学术界从各自理论前提假设出发，在长期的研究中先后发展起了不同的创新理论研究流派，从而派生出不同的创新政策建议模式。概括来说，主要有以下五个理论渊源。

1. 新古典理论

对于学习和创新，政策干预的标准理由来源于 Arrow（1962）对于市场失灵的分析（Keith Smith，2000）。Arrow 认为导致市场失灵的最根本性的原因在于创新外部性导致的创新收益的非独占性、创新过程连续性和不可分割性、以及创新收益的不确定性，因此研发不能自发地实现市场最优配置。新古典经济学家将创新政策视为纠正或解决市场失灵的一种手段，政策制定者要起到"优化器"的作用，通过平衡社会收益与私人收益之间的差距，实现社会收益最大化（Metcalfe 和 Georghiou，1998）。

---

① Manjón J V G, Merino E R. *Innovation Systems and Policy Design: The European Experience* [J]. Innovation: Management, Policy & Practice, 2012, 14 (1): 33–42.

2. 熊彼特内生增长理论

熊彼特内生增长理论放松了新古典理论完全竞争和规模报酬不变或递减的假设。从这个角度来看，人们已经不再能免费获得研发和技术（Langlois 和 Robertson，1996）[①]，也就有机会增加研发收益并获得部分垄断收益。然而，因为研发创造具有溢出效应，会有"搭便车"的现象发生，这就容易产生私人研发投资不足。所以，政策制定者应当激励"垄断"收益的积累，为研发回报递增创造条件，创新政策应当旨在增加私人研发投资水平，并且促进科学和技术知识的扩散。

3. 新马歇尔理论

新马歇尔理论认为区域不仅是经济进程的接受者，还是变革的动力。伴随着该理论的兴起，相继出现了与之相关的诸如"工业区"、"创新环境"和"集聚"概念。该理论认为，与不是集群里的企业相比，属于集群里的企业会有更好的绩效。所以，政策制定者着眼于灵活的外部集聚经济性，创新政策旨在建立能够提高行为主体绩效的集群，并进行推广。

4. 系统性制度理论

该理论认为制度环境和网络在知识外部性的形成中扮演了关键角色，制度环境和网络增强了学习互动和创新，这就意味着应该产生一个理想的机构设置，并涉及协调机构、法规或技术标准、文化和社会规范（Hirst，1994；Van der Steen，1999）[②]。Lundvall（1992）认为机构是技术和知识流动的中介，提出了创新系统用来解释创新模式。在系统性制度理论下，创新政策应该基于发现阻碍知识创造和知识转移的"联系缺陷"，通过政策干预能够促进集体学习，从而使得整个系统能够实现制度上的协调和统一（Ronde 和 Hussler，2005）[③]。

[①] Langlois R N, Robertson P L. *Stop Crying Over Spilt Knowledge: A Critical Look at The Theory of Spillovers and Technical Change* [J]. 1996.

[②] Van der Steen M. *Evolutionary Systems of Innovation: Veblian-Oriented Study to the Role of the Government Factor* [J]. The Netherlands: Van Gorcun, Assen, 1999.

[③] Ronde P, Hussler C. *Innovation in Regions: What Does Really Matter?* [J]. Research Policy, 2005, 34（8）：1150 – 1172.

5. 演化理论

演化理论关注企业行为和市场情况的动态过程，强调了路径依赖或技术锁定对于创新的影响，强调未来的发展受到过去发展的抵消或阻碍（Nooteboom，1997）。这种负面"锁定"的情况，证明了在适应技术和需求变化中政策的作用，即强调所有层面和所有参与者的认知能力，提高多样性和选择性。创新政策制定者应该致力于识别特定的技术故障，分别详细设计有针对性的干预（Laranja，Uyarra 和 Flanagan，2008）①。

从新古典理论到演化理论，对创新的认识经历了从简单的线性创新模式到网络范式的过程。总体上来说，市场失灵的方法存在两个缺陷：第一，对于新古典经济学家而言，创新过程范围缩小为研究和发明，如何将研究活动的结果转变成可以在市场上交易的产品或工艺，却是一个"黑盒子"（Rosenberg，1982，1994）。在新古典经济学家看来，创新过程是固定顺序的阶段——从基础研究的发明开始，将发明投入应用研究，并最终导致新产品的市场化——在这些阶段中一些研究努力会自动转变成新产品。所以，当试图解释创新活动，尤其是那些与市场紧密联系的活动时，新古典方法就非常有限（Smith，2000）。从实际和具体的角度来讲，基于"市场失灵"的政策含义对于政策制定者并不很有用。因为这些政策对要多大力度进行补贴、在哪个具体领域进行干预并没有明确的指示，也没有指出应该使用何种政策工具（Edquist，1999）。所以，市场失灵方法太抽象而不能指导具体创新政策的设计。第二，演化经济学家认为市场失灵不一定需要公共干预来加以纠正。比如，像知识溢出、知识不对称和垄断甚至可以是创新和经济增长的真正驱动力（Bryant，2001）。因为知识的不对称限制了知识的扩散，这就提供了一个更强的激励进行知识创造。所以，演化经济学家提出应该把"系统失灵"作为政策干预的出发点（Metcalfe，2003；Asheim 等，2006）。过去十几年的时间里，根源于演化理论的"创新系统"方法（Nelson 和 Winter，1982）越来越受到专家学者的认可和重视。但这仍然只是被认为是一个概念框架，而没有形成一个正式的理论（Edquist，2001）。

---

① Laranja M, Uyarra E, Flanagan K. *Policies for Science, Technology and Innovation: Translating Rationales into Regional Policies in A Multi-Level Setting* [J]. Research Policy, 2008, 37（5）：823-835.

2.2.2　创新政策的工具

从以上对国家创新系统"问题"的研究综述来看，政策制定者应该基于识别的问题和与之相关的活动，来选择创新政策工具。所以，宏观措施效果不理想，像一般的研发税收抵免建议毫无意义，政策必须能够影响特定经济部门和活动（Shyu 和 Chiu，2001）①。尽管创新政策在创新领域的研究中占据了很重要的一席之地，但关于如何对创新政策进行分类的研究相对而言比较少（Freitas 和 Tunzelmann，2008），相应的，对政策工具的分类也很有限，主要存在以下三种代表性的观点。

第一，Rothwell 和 Zegveld（1985）根据创新工具对创新产生的层面，将其分为供给层面的政策工具、需求层面的政策工具和环境层面的政策工具。供给层面的政策有公共事业（如公有事业创新、发展新兴产业、新技术引进和民营企业参与），科学技术发展（如研究实验室、支持研究单位、学术性团体、专业协会和特许研究），教育和培训（如高等教育、普通教育、职业技术教育、继续教育和再培训）和信息服务（信息网络与中心构建、图书馆、顾问与咨询服务、数据库、中介服务）；需求层面的政策工具有政府采购（如中央和地方政府的采购、公共研发合同、创新采购、公有事业采购），公共服务（如医疗保障、公共建筑物、建设、运输、电信），贸易管制（如贸易协定、关税、外汇管理条例、货币调节）和海外机构（如海外贸易组织）；环境层面的政策工具有金融支持（如贷款、补助金、财物分配安排、贷款担保、出口信用贷款等），税收优惠（公司、个人、间接薪资税率、租税抵扣），法律法规（专利、环境和健康法规、垄断法、监察）和政策性措施（规划、区域政策、创新荣誉或创新奖励、鼓励企业合并或联盟、公共咨询及辅导）。这三类政策及其政策工具对创新活动的影响过程和作用机理如图 2-1 所示。

第二，Smits 和 Kuhlmann（2002）从历史发展的角度，根据不同时期的政策主要目标对欧洲创新政策进行分类。20 世纪 70 年代，欧洲创新政策的目标是通过财政金融措施刺激研发，具体的政策工具主要有融资、税收、加强公司研究、创立技术型企业；80 年代，政策目标是技术转移和扩散，具体的政策

---

① Shyu J Z, Chiu Y C, Yuo C C. *A Cross-National Comparative Analysis of Innovation Policy in The Integrated Circuit Industry* [J]. Technology in Society, 2001, 23（2）：227-240.

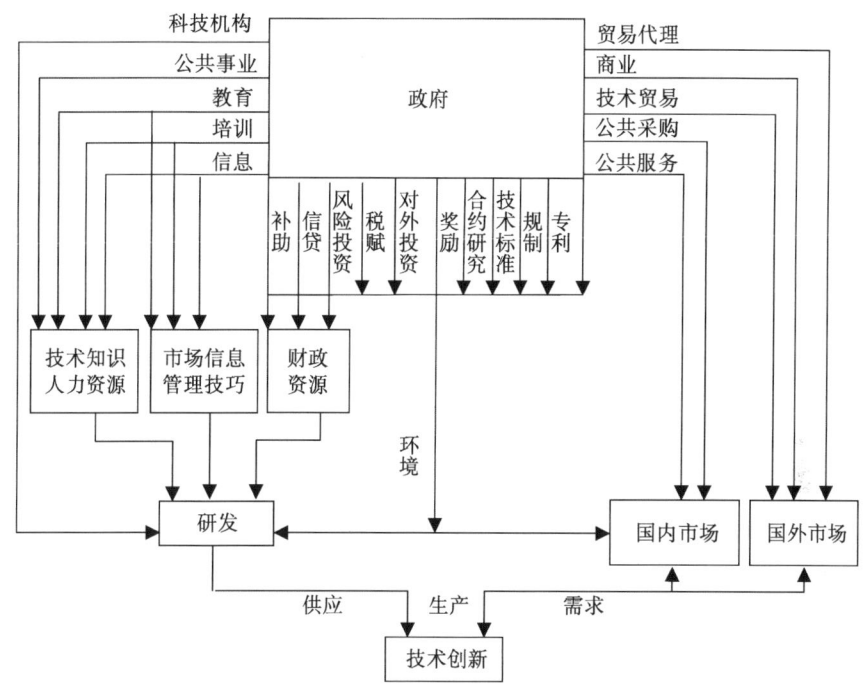

图 2-1 技术创新政策与技术创新活动的对应关系

资料来源：陈劲等：《科学、技术与创新政策》[M]，科学出版社，2013。

工具主要有加强流动性和促进中小企业技术吸收能力；90 年代，政策目标是缩小经营企业的管理差距，具体的政策工具主要有加强流动性、促进创新和管理能力、创立技术型企业、促进中小企业技术吸收能力和研发；新世纪初，政策目标是建立促进变革的系统，具体分为动态政策工具和静态政策工具，动态工具包括提高公众意识、促进创新集群和合作、促进产学研合作，静态工具包括基础设施、公共机构、竞争、知识产权保护、行政简化、法律和监管环境、教育和培训。

第三，根据创新工具对创新的作用，可以分为管制工具、经济金融工具和柔和工具（Bemelmans - Videc，Rist 等人，2003；Borrás 和 Edquist，2013），这类似于公共政策中流行说法的"大棒政策"、"胡萝卜政策"和"布道政策"，起到激励、引导、保护和协调的作用。管制工具包括知识产权、大学和公共研究机构、竞争（反垄断）的政策法规、生物伦理学和其他伦理规范；经济金融工具包括竞争性研究经费、税收抵免、风险投资和种子资金的支持；柔和工具包括自愿性标准化、行为守则、公共和私营部门的伙伴关系、自愿协议。

现实中，各国很少单独使用某一个创新政策工具来促进创新研发。通常情况下，创新政策工具以互补的方式将不同的政策工具相结合，形成特定的组合，从多维度来解决特定的系统问题（Borrás 和 Edquist，2013）[1]。从而我们也不应只是针对性地考察某一类政策工具的实施效果，而是要重点分析所有政策组合工具同时使用所产生的综合效果（Guellec 和 vanpottelsberghe，2000）。

2.3 国家创新系统绩效评价的研究综述

2.3.1 创新绩效的评估方法

作为国家创新政策的制定者，政府需要密切关注与创新绩效密切相关的创新投入产出比，并强调公共政策干预对创新效率的影响（Guan 和 Chen，2012）[2]。创新绩效的测度是在经济增长核算和企业技术创新效率理论的基础上发展起来的创新投入产出效率理论。其基本目标是衡量在一定的创新资源配置条件下，单位创新投入的产出效率，或者单位创新产出的投入效率。目前，运用最多的用来评估创新效率的方法基本可分为三类：第一类是由不确定性的随机前沿（SFA）方法为代表的参数方法，使用计量经济学技术来估计生产/成本边界。第二类是由确定性的数据包络分析（DEA）为代表的非参数方法，使用线性规划（LP）来跟踪效率前沿。这两类方法各有其优势与不足，随机前言方法考虑了随机误差和无效率因素对创新效率的影响，其优势在于对误差的测量和对统计干扰的处理，而劣势体现在要求设定确定的生产函数形式；DEA 非参数方法无需假定输入输出之间的函数关系，从而避免了函数主观性的影响（BAI，2011；Claudio 等，2013），仅仅依靠分析实际观测数据对生产单元进行相对有效的评价，并且在处理多输入多产出变量时有独特的优势

---

[1] Borrás S, Edquist C. *The Choice of Innovation Policy Instruments* [J]. Technological Forecasting and Social Change, 2013, 80 (8): 1513 – 1522.

[2] Guan J, Chen K. *Modeling The Relative Efficiency of National Innovation Systems* [J]. Research Policy, 2012, 41 (1): 102 – 115.

(Hoff, 2007; Hollanders 和 Celikel – Esser, 2007; Banker 和 Natarajan, 2008), 但这种方法也存在一些无法克服的弱点, 如指标的随机误差问题、敏感性问题等 (Zhu 和 Xu, 2006)。第三类是对国家创新系统进行数学建模 (Janszen 和 Degenaars, 1997; Lee 和 Tunzelmann, 2005)。数学模型, 一方面可以就创新的动态过程提供重要的见解, 揭示国家创新系统中参与者的功能以及导致国家创新绩效的机制; 另一方面可以成为研究创新政策影响国家创新系统绩效的工具 (Elpida, Patroklos 和 Ioannis, 2012)。

2.3.2 衡量创新绩效的指标

为了满足政策制定者和境外投资者对国家之间创新绩效短而快速的概括比较, 一些国际组织和协会, 如世界银行、联合国机构、世界经济论坛和经济委员会正在制定不同的复合指标 (Arundel 和 Hollanders, 2008)。欧盟通过建立主要创新维度的 12 个评价指标体系, 发布全球创新记分牌 (Global Innovation Scoreboard, GIS), 比较欧盟成员国与其他研发支出表现较好的国家或地区的创新表现。尽管综合性地对全球主要国家的创新绩效进行比较中肯的评价具有相当大的难度, 但该报告所构造的全球创新绩效还是较为客观和可信的 (赵中建和王志强, 2013)[①]。全球创新记分牌通过创新驱动 (Innovation drivers)、知识创造 (Knowledge creation)、扩散 (Dissusion)、应用 (Applications) 和知识产权 (Intellectual property) 这五个维度来测量创新绩效。其中, 创新驱动程度的测度指标有: 在所有高等教育毕业生中科学与工程类专业毕业生的百分比、完成高等教育阶段的劳动力的比重、每百万人口中研究人员的数量; 知识创造维度的测度指标有: GDP 中公共研发支出的比重、GDP 中商业部门研发支出所占的比重、每百万人口中科研文章发表的数量; 扩散维度的测度指标是 GDP 中信息通信技术支出所占的百分比; 应用维度测度的指标有: 在所有的制造业出口中高技术出口所占的比重、在制造业的附加价值中中等偏好以及高技术活动所占的比重; 知识产权维度的测度指标有: 每百万人口中欧洲专利局 (EPO) 专利的数量、每百万人口中在美国专利商标局 (USPTO) 中申请专利的数量、每百万人口中三方 (同时被美国专利商标局和欧洲专利局、日本专利局同时记录在册) 专利的数量 (见表 2 – 1)。

---

① 赵中建、王志强:《欧洲国家创新政策热点问题研究》[M], 华东师范大学出版社, 2013。

表 2-1　　　　　　2008—2010 年欧洲创新记分牌指标体系

一级指标	二级指标	三级指标
1. 创新驱动	1.1 人力资源	1.1.1　每千人中 20~29 岁科学与工程专业及人文社科专业毕业生的比例
		1.1.2　每千人中 25~34 岁科学与工程专业及人文社科专业博士毕业生的比例
		1.1.3　每百人中 25~64 岁接受高等教育人数的比例
		1.1.4　每百人中 25~64 岁接受终身教育人数的比例
		1.1.5　青年人的教育水平
	1.2 金融和政府支持	1.2.1　公共研发支出占 GDP 的比例
		1.2.2　风险投资占 GDP 的比例
		1.2.3　私人信贷占 GDP 的比例
		1.2.4　企业的宽带接入率
2. 企业创新行为	2.1 企业投资	2.1.1　企业研发支出占 GDP 的比例
		2.1.2　信息技术消费占 GDP 的比例
		2.1.3　非研发创新支出占 GDP 的比例
	2.2 关联与创业	2.2.1　中小企业从事内部创新的比例
		2.2.2　中小企业从事合作创新的比例
		2.2.3　中小企业更新的比例
		2.2.4　每百万人口中公共与私营部门合作出版科学出版物的数量
	2.3 生产能力	2.3.1　每百万人口中的欧洲专利局专利申请数量
		2.3.2　每百万人口中欧盟新商标数量
		2.3.3　每百万人口中欧盟新设计产品数量
		2.3.4　付款流动的技术平衡占 GDP 的比例
3. 创新产出	3.1 创新	3.1.1　从事技术创新的中小企业比重
		3.1.2　从事非技术创新的中小企业比重
		3.1.3a　企业创新中劳动力成本降低的比例
		3.1.3b　企业创新中原料成本降低的比例
	3.2 经济效果	3.2.1　中高和高技术行业中的就业率
		3.2.2　知识密集型服务业部门中的就业率
		3.2.3　出口产品中高技术产品所占的比重
		3.2.4　出口服务中知识密集型服务所占的比重
		3.2.5　市场新产品销售额占销售收入的比例
		3.2.6　企业新产品销售额占销售收入的比例

资料来源：赵中建、王志强：《欧洲国家创新政策热点问题研究》［M］，华东师范大学出版社，2013。

另外，欧洲创新记分牌（the European Innovation Scoreboard，EIS）也为创新政策的制定提供了可靠的依据。自 2001 年以来，欧盟已经连续发布了 7 份欧洲创新记分牌报告，指标体系不断被修订和完善，其功能已经从最初的作为比较成员国之间及欧盟与其他国家之间的创新绩效的工具，发展为不仅为欧盟和成员国与其他国家的横向比较提供可信的数据分析，还为成员国提供一种监管自身创新绩效进步状况以及创新政策对最终绩效所产生的影响的工具。2008 年到 2010 年的欧洲创新记分牌的指标体系由创新驱动、企业创新行为和创新产出 3 个一级指标构成，具体的二级指标和三级指标如表 2 - 1 所示。

综合创新政策的工具和创新绩效的指标，总体来说，本书将创新政策工具归纳为财政激励、金融支持、教育、公共采购、对于基础设施的支持、知识产权、开放度方面这 7 个方面的政策。

2.4 创新政策对国家创新系统绩效影响的实证研究综述

2.4.1 单一政策措施效应的研究综述

1. 财政激励对创新绩效的影响

财政政策对国家创新资源配置和创新激励的影响主要从收入和支出两个渠道来实现，各国政府大都采用直接投入和税收优惠来激励创新主体从事研发活动。人们普遍认为，一方面，R&D 投资使组织建立内部科学知识存量（Feinberg 和 Majumdar，2001；Griliches，1979；Hall 和 Mairesse，1995），协助公司在开发及向市场推出新产品时降低生产成本，使产品定价更具竞争力，提高企业的收入和业绩（Kafouros，2008a，2008b）；另一方面，根据吸收能力的概念（Cohen 和 Levinthal，1989），R&D 增加企业理解外部想法和技术的能力，并把它们应用于商业目的。这些知识也可以提升企业自身的理解（Buckley 和 Carter，2004），成为把企业与技术内容连接起来的桥梁（Rosenkopf 和 Almeida，2003），并帮助企业识别技术上的空白（Miller，Fern，Cardinal，2007）。

从这个角度来看，政府的财政支持主要是通过企业的研发活动影响创新绩效。对于财政刺激是否可以有效地促进创新，很多研究结果的分析结论相互矛盾，没有统一的研究结论。导致这种现象的根本原因是政府为促进研发活动而对企业实行的财政激励和企业自身对研发的投资行为之间存在互补和替代的关系，并能够产生溢出效应和挤出效应。

大量的研究表明，研发支出和创新产出之间存在正相关关系（Pavitt 和 Wald，1971；Pakes 和 Griliches，1984；ACS 和 Audretsch，1988；Koeller，1995；Tor Jakob Klette 和 Jarle Moen，2000；Falk，2004；Cabrer – Borrás 和 Serrano – Domingo，2007；EIS，2009；Yonghong Wu 等人，2013）。然而，Lichtenberg（1989）和 Wallsten（2000）发现政府提供的财政支持在一定程度上降低了企业的研发投资金额，研发支出总额没有得到增加，创新产出却减少了。Saul Lach（2002）研究发现研发资助的效果受企业规模的影响，具体而言，研发资助能激励中小企业的研发投资，却对大型企业产生挤出效应。国内学者朱平芳和徐伟民（2003）认为，科技拨款资助和税收减免这两个政策工具互为补充，他们的研究结论与 Saul Lach（2002）正好相反，他们认为财政政策不仅能激励大中型企业对研发的投资，并且政府的拨款资助越稳定，就越能加大他们对研发的投资力度。然而，面对全球范围内的资本市场不完善，对于非常依赖外部融资的小企业而言，政府资金更能起到激励研发的作用（Huutinen 和 Toivanen，2003）。然而，还有一些相关的案例研究认为政府补贴对研发创新没有影响（Garcia – Quevado，2004）。在前人相关研究基础上，国内学者李伟铭（2008）通过设定企业资源投入和组织激励这两个中间变量，提出创新政策对创新绩效的影响路径为技术创新政策——企业资源投入——创新绩效。

对于税收激励，Thierry Gaudin（1985）认为税收刺激并不十分有效，然而，Hall 和 Van Reenen（2000）强调有充分证据证明税收激励对于私有经济的研发支出有着十分显著的积极影响，1 美元的税收优惠能刺激 1 美元额外私人研发投资；得出类似结论的还有 Poot 等人，Poot 等人（2003）通过对荷兰 WBSO 条例的充分实证研究，得出了税收减免与带动的研发支出之间的数量关系，研发支出的增加要超过税收减少的 1% ~ 2%。根据税收征收形式的不同，税收优惠对创新的影响也不同，Gentry 和 Hubbard（2000）指出累进的个人所得税税率对企业家承担风险的能力产生不利的影响，达不到激励他们从事创新活动的意愿。

2. 金融支持对绩效的影响

金融支持能够补偿科技创新的成本，有利于风险在不同创新参与者之间的分担，为了更有效地解决科技产业的不同成长周期所需支持的不一致性，主要通过银行信贷和风险资本这两个措施来影响创新。良好的银行设定适用性指标来识别最具新产品开发能力的企业，并通过提供资金来促进创新活动的产生（Schumpeter, 1912），金融资金和信贷等要素对高技术以及中小型企业的促进作用更加明显（Canepa 和 Stoneman, 2008），有风险投资的企业产出高于无风险投资的企业（黄燕、吴婧婧和商晓燕，2013）。许多学者近几年来对风险投资对创新效率的影响进行了实证研究，基本得出风险投资对创新有很高的积极影响（Kortum 和 Lerner, 2000；Tereza 等人, 2000；Bowonder 和 Sunil Mani, 2002；Peneder, 2007；Kim 和 Lee, 2011；曹雪琴，2007）。在美国，1983—1992 年由风险资本所引发的产业创新占有 8% 的比例（Kortum 和 Lerner, 2000）。对于中国而言，潘雄锋、史晓辉和王蒙（2012）强调金融高科技贷款对科技发展的弹性系数呈现出明显的阶段性特点。

3. 人力资本对创新绩效的影响

Nelson 和 Phelps（1966）运用两个人力资本与技术扩散模型证明了社会平均受教育程度的提高将缩小实际技术水平与理论水平的差距。人力资本实质上是在一个国家人力资源方面的财产。根据 Galende、Suarez（1999）和 Martinez - Ros、Salas（1999 年）的经验性研究，可以认为人力资本对创新过程产生积极影响。从事研发的员工数量越多，找到合适伙伴进行合作和知识交流的机会就更大，从而知识溢出的概率和数量也就越大（Michael Fritsch, Viktor Slavtchev, 2011），研发能力依赖于人力资本的可获得性（Elpida Samara, Patroklos Georgiadis, Ioannis Bakouros, 2012）。人力资本的积累主要是通过高等教育来实现，高等教育不仅是输送科技人力资源的源泉，和资本投入一样重要，也是国家创新系统的一个关键支柱。它面向高科技领域的工程研究和应用研究，并在科学和技术扩散中起着重要的积极作用，在某种程度上，研究和创新是教育的副产品（Luc Soete, 2007）。随着学术界和产业界的联系逐渐加强，高等教育的贡献也越来越大（Martin, 2009）。教育的投入程度对创新效率有重要的影响（李习保，2007、2009；郭淡泊和张俊芳，2012），受教育投资力度的影响，劳动者素质与创新效率之间存在显著的正相关关系（白俊红等，2009）。

4. 公共采购对创新绩效的影响

政府采购对创新的促进作用最直接的表现是为创新产品提供了有保障的市场，这不仅仅解决了市场风险问题，更是指引了创新的方向，从而具有示范和引导效应。以需求为导向的创新政策体系中，政府采购应作为其中的一个关键组成部分（Edler 和 Georghiou，2007）。Georghiou（2004）研究发现欧盟 15 个国家的 GDP 总和中，有 16.3% 是公共采购拉动的。政府通过公共采购向市场传递需求信息，通过采购数量来表明对创新的态度，推动创新的扩散（Rothwell，1984；Porter，1991；Edler 和 Georghiou，2007）。Sfinno 数据库搜集了芬兰从 1984 年到 1998 年所有商业化的创新（Palmberg，2004；Saarinen，2005），显示出由公共采购或政府规则激发导致创新成功的项目占比为 48%。根据 Aschhoff 和 Sofka（2009）的研究，公共采购对创新产生了积极影响，但这种积极影响是来源于一般性行政采购，而非来自军队、警察和消防部门。基于政府采购对创新成功具有显著的积极作用，该措施越来越受到欧盟地区政策制定者的重视（Max Rolfstam，2009）。

政府采购为创新供了巨大而稳定的市场，能够引导创新的方向（张缨，2004；刘慧，2005），国内学者也极为重视这一政策措施，从不同角度来探索政府采购对创新的促进作用。政府采购不仅对创新具有直接的促进作用，还可以通过"收入分配"影响供应商的生产经营行为（邓毅，2007），从而间接实现成功创新的目标。政府采购具有多种功能，除了上述功能之外，还对创新主体的创新能力产生重要的影响。戴阅（2008）对政府采购与自主创新的关系进行实证和定量分析，得出政府采购规模与自主创新能力具有极强的相关性。

5. 基础设施对创新绩效的影响

物质基础设施，如建筑物、（铁路）道路、桥梁、港口、机场、电信网络等，在建立主导技术和塑造技术轨迹的过程中发挥了重要的作用，良好的基础设施也有利于微观环境，这对整体创新系统的绩效产生了影响（Smith，1997；Link，Metcalfe，2008）。一些实证研究也明确显示了物质基础设施对于创新系统功能的重要性（Klein‑Woolthuis 等人，2005），通讯基础设施可以为创新伙伴之间形成更紧密的合作关系提供更为可靠的保障（Borgatti 和 Cross，2003），使传输完整信息的时间和成本大幅度被消减，提高了信息的效率，以此更好地促进了创新的产生（Dewett 和 Jones，2001）。更进一步地，基础设施投资通过影响经济增长的需求和供给方面的因素，进而对经济增长做出贡献。基于需求视角；这一贡献主要表现为需求拉动和要素积累；基于供给视角；这一贡献主要体现在通过溢出效应使生产函数整体向上移动（张浩然和衣保中，2012）。基于演化经济分析强调的知识具有的三种属性：知识的信息属性、知识的传播和吸收的成本属性、知识所具有的缄默性，政府的作用应体现在建立有利于知识传播的基础设施和网络等方面（师萍和安立仁，2013）。

6. 知识产权对创新绩效的影响

关于知识产权对创新的影响，大多数研究表明与经济增长阶段相关，相应的存在最优知识产权保护程度。Qian（2007）和 Lerner（2009）研究表明当知识产权保护已经做得很好的时候，再加强知识产权会减少创新活动。在随后 Furukawa（2010）在没有规模效应的内生增长模型中，发现知识产权与创新之间存在倒 U 型的关系。国内学者王华（2011）、彭福扬、彭民安和李丽纯（2012）等的经验研究也证实了知识产权保护不足或过度都会阻碍技术创新。专利是最具代表性的知识产权方面的工具，Ordover（1991）指出专利对创新既有有利影响，也有不利影响的一面，他将这种影响区分为动态效率和静态无效率。前者是指厂商通过专利获得知识创新的垄断利润，虽然利润并非企业的唯一目标，但垄断利润会鼓励其追求持续创新；后者是指专利由于赋予市场垄断权，对资源配置产生一定程度的不利影响，如果延长专利保护期，就起不到激励同行业其他企业进行创新的意愿，进而不利于持续创新。因此，最优的专利长度和专利宽度都是有限的（潘士远，2005）。模仿产品的质量水平不能形成市场扭曲，从这个角度来讲，有效的专利宽度导致质量相当的模仿产品，促进创新的扩散。还有一些研究，如国内学者邢斐和张建华（2009）发现专利保护政策对企业研发具有不显著的负向影响。

7. 开放度对创新绩效的影响

关于开放度对创新绩效的影响，学术界主要是从外商直接投资（FDI）和国际贸易两个方面来进行实证研究的。FDI 和国际贸易，被认为是传播技术进步的主要渠道（De Bondt，1996；Yonghong Wu 等人，2013）。当地和外国公司之间的联系，如通过组件供应、分包、许可和技术合作所产生的相互作用，能进一步支持本地企业和外国投资者所从事的创新活动（Blomstrom 和 Kokko，1998；Kennel，2007），Feinberg 和 Majumdar（2001）、Buckley 等（2002，2007）强调，外国直接投资能产生显著的溢出效应。总的来说，关于 FDI 对创新绩效的影响，学术界得到两类互相矛盾的观点：一是 FDI 存在正面的"溢出效应"（即促进论），认为 FDI 通过示范和模仿机制、竞争机制、前后相联系机制和人员与信息流动机制等产生技术外溢，进而促进创新（Pamukcu，2003；Girma 和 Wakelin，2007；Liu 和 Buck，2007；马天毅和马野青等，2006；王滨，2010；李成刚，2011）；二是 FDI 存在负面的"挤出效应"（即抑制论），认为 FDI 的负外部性、挤出效应、门槛效应、微弱的溢出效应等不利于东道国的创新（黄静波和付建，2004；李梅和柳士昌，2012）。

许多增长理论家们（Coe，Helpman 和 Hoffmaister，1997；Coe 和 Helpman，1995；Rivera – Baits 和 Romer，1991）认为，国际贸易可以促进技术创新和扩散。参与出口活动，能使企业通过分析他们的外国竞争对手的创新，来探索新技术，提高组织学习能力（Mac Garvie，2006），可见出口活动对创新产生了积极的影响（Wagner，2007；Harris 和 Li 2009）。

2.4.2 政策组合措施效应的研究综述

近些年出现了"政策组合"术语，并被创新政策制定者、政策分析者和学者所使用。借鉴有关"经济政策"的争辩，"政策组合"一词意味着关注不同政策之间的相互作用和相互依赖关系（Flanagan，Uyarra 和 Laranja，2010）[①]。"政策组合"的运用，反映了创新政策两个方面的发展：第一，人们普遍认识到创新型经济的成功取决于超过传统意义上的科技政策。如 Borrás（2009）通过引入新的和更复杂的政策工具来描绘创新政策的扩展，通过对创新政策作用领域的扩张来阐述创新政策的深化。第二，创新政策并不局限于用多层次、多主体参与的治理和新公共管理来替代传统的以国家为中心的政府模

---

① Flanagan K, Uyarra E, Laranja M. *The 'Policy Mix' for Innovation: Rethinking Innovation Policy in A multi – Level, Multi – Actor Context* [J]. Munich Personal RePEc Archive (MPRA) No, 2010, 23567.

式（Bache 和 Flinders，2004）。政策工具的影响总是不同政策工具的有效融合或组合，这种组合有时是因为在不同时期制定，但更多的是因为不同目的而制定（Bressers 和 O'Toole，2005）。因此，运用到诸多经济领域和经济层面的创新政策组合工具必须相互协调，才能产生协同效应。学者们主要是从空间和时间两个维度，展开对创新政策组合措施的效应的研究。然而，大量的学术研究致力于创新政策的空间影响，对于时间维度的关注要少得多（Pollitt，2008）。

Lundval 和 Borrás（1997）认为，竞争政策和贸易政策等能改变创新主体的创新压力，人力资本政策等影响创新主体的创新能力，基础设施政策、提高劳动力灵活性的政策、收入政策等能够解决技术转换过程中的故障。Shyu，Chiu 和 Yuo（2001）依照 Rothwell 和 Zegveld（1985）对创新政策的分类，将公共事业、科技发展、教育、信息视为供给方面的政策工具，将金融、税收、法律法规、政治环境视为环境方面的政策工具，将公共采购、公共服务、商业、海外代理视为需求方面的政策工具。他们以集成电路产业为例，比较了美国、韩国、中国台湾和中国大陆的创新政策工具的效应。结果显示，美国创新政策工具对国内市场的影响最大，占比为 20.85%；对研发的影响次之，占比为 16.61%；对市场信息、国际市场、管理技能和金融资源的影响最小，占比分别为 3.91%、4.56%、5.86% 和 5.86%。韩国创新政策工具对研发的影响最大，占比为 19.19%；对国际市场、市场信息和管理技能的影响最小，占比分别为 2.73%、5.43% 和 6.2%。中国台湾创新政策工具对研发的影响最大，占比为 17.49%；其次是对研发环境的影响，占比为 16.31%；对国际市场、市场信息和管理技能的影响最小，占比分别为 5.92%、6.77% 和 6.77%。中国大陆创新政策工具对研发的影响最大，占比为 22.6%；其次是对技术知识和人力资源的影响，占比都为 16.83%；对金融资源、国际市场、市场信息和管理技能的影响最小，占比分别为 3.85%、5.29%、5.29%、和 5.29%[①]。从创新过程来看，一些学者将创新区分为创新倾向和创新力度两个阶段，并认为此两阶段的创新受到不同的约束。创新政策工具之间的互补性激励创新主体的创新意愿，创新政策工具之间的替代性更频繁地应用于增加创新力度

---

① Shyu J Z, Chiu Y C, Yuo C C. *A Cross-National Comparative Analysis of Innovation Policy in The Integrated Circuit Industry* [J]. Technology in Society, 2001, 23 (2): 227-240.

(Mohnen 和 Röller，2005)①。另外一些学者，如 Samara、Georgiadis，和 Bakouros（2012）构建了创新过程子系统的因果循环图，运用系统动力学方法，在替代政策和场景设置下的仿真结果表明为加强创新行为，需要持续使用创新政策组合措施。

从时间维度来考察创新政策效应，比较具有代表性的是 Atkeson 和 Burstein（2011）的研究。他们通过构建一个基准模型，评估企业对创新政策变更的反应和政策变更对产出总量和福利的影响之间的联系；进而比较了美国研究和试验税收抵免、联邦研发支出和企业利得税这三个政策工具的长期影响。研究表明，根据溢出效应的大小，创新政策的变化可以对总量产生长远影响。然而，15 年的时间跨度，创新政策的产出总量效应对溢出效应的大小不敏感②。

国内学者周业安和高新雅（2008）把西部大开发看作是促进落后地区创新的政策组合，并利用双差分模型，研究得到区域创新政策对区域创新能力具有显著的促进作用，另外，受教育水平以及与科研相关的人才都起到了积极的作用，而 FDI 起到的是负向作用。刘凤朝和孙玉涛（2007）、彭纪生、仲为国和孙文祥（2008）通过分析我国创新政策的历史演变路径，发现创新政策的发展从单向政策向政策组合转变。如彭纪生、仲为国和孙文祥（2008）选择我国 1978—2006 年期间国家及各部委颁布的与创新相关性最强的 422 项政策，将政策措施分为金融外汇措施、财政税收措施、其他经济措施、行政措施、人事措施 5 个方面，并对政策进行量化，并通过量化后的政策描绘出政策协同演变的路径以及对经济绩效的影响各种措施的协同推动了技术能力的提升。程华（2014）借鉴 Rothwell 和 Zegvold（1985）的政策分类、彭纪生（2008）等对创新政策测量的思想，分析了我国创新政策的演变，并从产业特征、地区差异等视角研究创新政策的技术绩效和经济绩效。研究发现，基于产业视角，供给政策和环境政策对创新的技术绩效产生显著的正向影响，环境政策和需求政策对创新的经济绩效产生显著的激励作用；基于地区差异视角，考察了创新政策对企业创新能力的影响。通过对浙江企业抽样调查发现：供给政策和环境政策能显著促进产品创新能力、工艺创新能力的提升，而需求政策的作用有限。从

---

① Mohnen P, Röller L H. *Complementarities in Innovation Policy* [J]. European Economic Review, 2005, 49 (6): 1431-1450.

② Atkeson A, Burstein A T. *Aggregate Implications of Innovation Policy* [R]. National Bureau of Economic Research, 2011.

开放经济的视角来看，郭淡泊和张俊芳等（2012）将国家创新系统看成是由创新主体、创新支撑、创新环境三个子系统和一个链接流组成的创新主体及其相互联系作用组成的网络系统，在此框架中，研究国家创新体系效率的影响因素，研究发现诸如教育支出和风险资本与发达国家和发展中国家的创新效率都存在正相关关系，与之相反的是，人才流动与发达国家和发展中国家的创新效率都存在负相关关系（尤其是对研发阶段的负向影响），其他因素的影响效果在发达国家与发展中国家有着显著区别。具体而言，企业间的合作、基础设施和知识产权对发达国家和发展中国家的创新系统效率的影响正好相反，与前者存在正相关关系，与后者却是负相关关系；政府对研发的资助与发达国家创新系统效率存在显著的负相关关系，对发展中国家无显著影响；FDI 流入对发达国家创新体系效率并不造成影响，但 FDI 流入对发展中国家，一方面变现为对东道国技术转移的外溢效应是显著的；另一方面却对本土企业自身的技术进步起到了抑制作用。

2.5 对现有研究的评述

综合看来，国外对创新政策的正式研究始于 20 世纪 80 年代。对创新政策的研究是对创新理论研究的一个自然延伸。由于遵循的研究传统不同，西方学术界从各自理论前提假设出发，在长期的研究中先后发展起了不同的创新理论研究流派，主要有新古典理论、熊彼特内生增长理论、新马歇尔理论、系统性制度理论和演化理论，形成了许多重要的创新政策理论依据和规范化的实证分析结论。进一步梳理发现，随着国际竞争日益激烈、市场不断趋于分散以及技术变革越来越迅速，创新研究的视角越来越多地从单个企业内部转向企业与外部环境的联系和互动、创新研究的模式从简单的线性模式向网络范式转变；同时，对创新政策研究的出发点从解决市场失灵转变为解决系统问题。相应地，研究方法也从理论分析逐步向模型化和实证计量检验转变，从而形成了丰富的研究成果，为评估国内创新政策效应提供了重要的理论和方法借鉴。由于国内外的市场条件特别是经济制度基础的不同，创新政策效应的相关研究存在争议。

通过对国内相关研究成果的梳理,可以发现,已有的研究对创新政策的概念、历史演变、效果的定性评估、对创新系统绩效评估以及影响因素等进行了较全面的研究,这些研究成果为本书研究创新政策对国家创新系统绩效的影响奠定了扎实的基础,同时也给本书提供了研究方法与研究思路方面的有益启示。与此同时,我们也发现已有的研究还存在一些不足之处。首先,以往的研究主要是对两者分别展开,或者是仅仅从企业的角度来研究创新政策对企业创新能力的影响,而从国家创新系统的高度把创新政策纳入到统一的分析框架中来阐述创新政策效应的系统研究还比较缺乏。虽然我国已有学者根据系统失效的思想,来探讨创新政策的制定流程,对创新政策效用的研究主要集中在促进技术与经济发展的运用层面和整体效果,然而,缺乏从理论层面研究政策的传导机制和作用路径,相应的也缺乏以国家创新系统为视角来考察创新政策效应,更是忽略了对两者之间互动关系的研究。其次,创新政策是一个体系,涉及财政、金融、人才教育、产业、贸易以及法律法规等等方面的措施,所以很多的研究成果集中在某一类别的创新政策的效应研究上,关于创新政策的综合效应的研究比较少。再次,虽然大量的研究关注到我国经济发展差异,从区域的层面探索了我国创新绩效的空间差异,但也只是简单地得到有关效率区别的结论,缺少进一步深入研究造成差异的有关创新政策方面的原因。

本书在已有研究成果的基础上,将针对上述不足进行相对深入的研究。从国家创新系统的系统问题出发,通过归纳创新政策体系的主要政策措施,构建概念模型和实证检验模型,对创新政策对国家创新系统绩效的影响进行较全面的考察,以期能够更好地促进创新政策发挥其功能和作用,提高我国创新能力,提升我国国家创新系统绩效。

第3章
创新政策影响国家创新系统绩效的作用机理

为了提高创新绩效,无论是基于"市场失灵"还是"系统失效"所制定的创新政策,都是针对创新所面临的问题进行设计,尽管如此,政策与绩效之间的关系并不是"创新政策——创新绩效"两者之间的直接线性关系。本书在第2章综述创新政策干预的理论基础以及创新系统问题的基础上,主要遵循 Wieczorek 和 Hekkert(2012)的研究思路,从创新主体创新意愿、创新主体创新能力和创新环境三个维度来思考创新政策面临的实际问题,构建创新政策影响国家创新系统绩效的传导路径模型,并进一步以政策的内涵、功能和目标作为出发点,推导出创新政策是通过创新主体创新意愿培育、创新主体能力建设和创新环境优化这三个作用机制,来提升国家创新系统的绩效水平。

3.1 国家创新系统绩效的影响因素

国家创新系统(NIS)是一个有机的整体,各要素之间要求互动、整合和优势互补。从 NIS 的结构及运作方式看,完善的 NIS 包括主体要素、功能要素和环境要素三种类型要素。主体要素是行为主体,主要包括企业(包括外资企业)、高校、科研机构(包括外资研发中心)、中介服务机构和政府部门;功能要素主要包括科学、技术、产品、过程、制度和服务等方面的创新;环境要素由政府角色定位和相关体制共同构成①。政府作为创新系统中非常重要的一个创新成员，其角色定位直接决定了国家创新系统的运行。政府并不是能够发起和驱动创新过程的参与者，但政府在国家创新系统中的主要作用有制定国家创新发展战略、培育创新环境、促进 NIS 行为主体互动与协调以及通过投资、人事安排等直接干预创新活动，其职责主要是创造一个优越的宏观环境，从政策和制度上为国内企业的创新保驾护航。政府制定的创新政策，对整个 NIS 的建设和运作起到决定性的作用。

可见，国家创新系统为创新政策的建立提供了一个很好的分析框架，创新政策通过具体的政策工具或手段影响整个国家创新系统的绩效。按照崔新建（2011）关于完善的 NIS 包括主体要素、功能要素和环境要素三种类型要素这个观点，那么，要提高 NIS 绩效，首先创新行为主体必须要有创新意愿，即行为主体愿意开展创新活动。然而，行为主体愿意开展创新活动就能导致其创新能力的提升吗？显然，创新意愿并不是产生创新行为的充分条件。要进一步将创新意愿转化为实际的创新行动，微观创新主体还必须具备开展创新活动相应的能力以及从事创新活动的宏观环境（包括行为主体间互动的环境），才能导致高效率的创新行为，从而提高整个 NIS 的绩效。所以，创新政策作用的对象必须着眼于创新主体意愿、创新主体能力和创新环境三方面问题。

3.1.1　创新主体创新意愿

创新主体要素主要包括企业、大学和科研院所、政府、中介服务机构等。企业对 NIS 绩效的作用和影响，主要表现为企业自身的技术创新能力和对其他各种要素的吸引和集成能力。企业创新行为是一种逐利行为，以获得先进技术和商业效益为最终目的，因此，企业正常的创新行为必然会产生技术上的进步和经济上的效益。大学和科研院所对 NIS 绩效提升起着创新知识源头和基础的作用，是基础研究和应用研究最主要的执行者，并通过与产业界的合作与互动，对国民经济的发展起到了巨大的推动作用。中介机构是各种创新活动的"节点"，为创新活动提供金融、保险、咨询、评价、调查等重要的支撑服务，以降低创新风险、加速创新成果转化。然而，这些行为主体对"创新"挂在

---

① 崔新建：《外资研发中心的现状及政策建议——基于国家创新体系框架的研究》[M]，人民出版社，2011。

口头上的多、实际行动的少。从企业参与创新互动的情况来看,国研中心技术经济研究部部长吕薇指出我国大中型企业当中,具有研发活动的企业数量不超过 30%,大中型企业研发支出占销售收入的比例仅为 0.93%[①],同时,据统计,2012 年,全国规模以上工业企业中仅有 13.7% 的企业开展研发活动,而拥有研发机构的企业占比仅为 11.3%;从 R&D 经费执行情况看,我国高等教育部门执行经费比例远远低于美国、英国、法国等发达国家,2012 年绝大多数发达国家的这一比例在 20% 以上,而我国仅为 7.6%[②],这与大学表现出的巨大的创新潜力不相符合;从产学研合作的情况来看,一方面,产学研合作中企业参与增加,但努力程度较低[③];另一方面,我国高校、科研院所和企业相互之间的联系较少,产学研合作机制尚未真正形成[④]。为什么绝大多数企业都没有开展创新活动的意愿以及为创新付出努力呢?为什么高校、科研机构和企业之间的合作不紧密呢?究其原因,主要有以下两点。

1. 创新主体自身创新动力不足

创新主体对于选择是否进行创新,是受到外部竞争压力和利润吸引力的影响。在做出创新决策前,必然进行成本收益分析,认真细致地比较创新投入、收益和即将面临的风险。创新作为一种社会外部性很强的活动,其自身的时滞性、高投入和高风险的特征,往往带来创新活动成本收益的不对称,从而影响创新主体从事创新的积极性:一是由于创新具有高投入的特点,加上自身的时滞性,导致创新主体短期大量投入和长期回报之间的不对称;二是由于创新具有高风险性,从科学研究到创新成果产业化,创新活动面临着技术风险、开发风险和市场风险等多重风险,各种未知因素往往难以预测,创新过程的任何不确定性都可能导致巨额投资随之付诸东流;三是由于创新具有不同程度的正外部效应,即创新的溢出效应,导致企业之间存在明显的"搭便车"现象,即创新风险是由私人承担,而创新收益却为社会所共享,从而降低了先行创新的微观主体的创新热情;四是由于创新成果具有公共产品属性,这就决定了创新

---

① 数据来源:和讯网,http://news.hexun.com/2012-11-04/147580237.html。
② 数据来源:《中国科技统计年鉴 2013》。
③ 何爽、谢富纪:"我国产学研合作的现状与问题分析及相应政策研究"[J],《科技管理研究》,2010 年第 12 期。
④ 冯倬琳、赵文华:"研究型大学在国家自主技术创新中的作用"[J],《清华大学教育研究》,2007 年第 2 期。

成果的原创者不可能通过市场途径来弥补其外部利益损失，创新成果与收益的非独占性，必然会降低创新主体的创新积极性。最后，创新成果最终需要实现市场价值。能准确把握市场需求动向的企业，往往能成为某一领域的创新先驱，率先获得高额利润，进一步刺激企业创新的意愿，从而实现创新的良性循环。然而，我国对新技术、新产品的整体需求层次明显要落后于欧美发达国家，国内市场很少产生对创新技术产品或服务的先发性需求，从而缺乏诱导创新主体进行创新的动力。

2. 产学研协同创新存在动力不足

首先，对于产学研合作而言，最为核心的基础是"信用"和"利益"。一方面，由于合作各方掌握资源的差异、信息不对称和市场需求的突变性，产学研合作各方对技术成果及其产业化的价值存在分歧，加上日益突出的诚信缺失问题，产学研合作的信任基础难以建立[1]，信用风险始终是困扰产学研合作，导致高等高校和科研院所在产学研合作中的积极性不高。另一方面，由于科技体制改革不彻底，尤其是对高校和科研院所的改革不到位。利益分配矛盾得不到解决，难以促进高校和科研院所主动寻求与企业进行合作。在利益机制尚不健全的情况下，产学研的合作大多数都只是一种短期行为。其次，创新本身就有风险，随着创新参与者的不断增多，产学研合作创新可能面临更大的风险和更大的不确定性，虽然风险补偿机制是有效解决这一问题的重要措施，然而该机制在我国尚未得到应有的重视；另外，我国中介机构的服务水平和能力无法适应产学研合作创新的需要。再次，政府在促进产学研合作方面存在职能缺失，缺少诸多明晰化的政策配套文件，未能给产学研合作创造一个良好的政策和制度环境，主要体现在权益保护、利益分配、合作纠纷等方面。最后，不仅缺少对推进产学研协同创新的制度安排，而且财政对产学研协同创新的投入力度相对有限，不利于调动创新主体进行产学研协同创新的积极性，更不能有效激发创新主体的主动性[2]。

---

[1] 何翔："基于制度安排的高新技术企业产学研合作研究"［J］，《改革与战略》，2010年第9期。

[2] 周正、尹玲娜、蔡兵："我国产学研协同创新动力机制研究"［J］，《软科学》，2013年第3期。

3.1.2 创新主体能力

能力的定义包括三个层次的含义：(1) 具备的知识和技能；(2) 驾驭知识和技能的能力；(3) 运用知识和技能最终对社会产生的影响。同样地，创新能力的内涵应包括以下三个层次：(1) 具备的创新资源；(2) 利用、整合创新资源从事创新活动；(3) 创新活动对社会、经济产生的作用和效果。自2006年，国务院出台《国家中长期科学和技术发展规划纲要（2006—2020）》，中共中央和国务院联合发布《关于实施科技规划纲要、增强自主创新能力的决定》，中国的国家创新体系的体制概况经历了根本性的变化，最为突出的是，企业成为最主要的研发者。2012年，全国研究与发展（R&D）经费支出，来源于企业比例高达74%，而这一比例在2005年仅为17.6%①。然而，从这些数据中如果得出企业已经成为中国创新体系的主干力量这样的结论，那将是错误的②。总体上说，我国企业的创新的能力虽然在近几年有所改善，但是总体实力不强（汪洋，2010；王宗军，夏若江等，2011）③；国家科研机构创新效率存在单位经费创新产出递减效应（张凤和霍国庆，2007）④；高校创新效率平均水平较低，且呈下降趋势（姜彤彤，2012；苏涛永和高琦，2012）⑤。就产学研合作而言，我国各地区的产学研合作创新效率并未达到与其技术创新能力以及经济发展水平相一致的水平（王秀丽和王利剑，2009）⑥。那么，创新主体创新能力薄弱、创新效率低下的原因是什么呢？

1. 创新资源受限

首先，"世界工厂"背景下，中国企业处于微笑曲线的中游环节，附加价值低。随着人口红利的逐渐消失，以及全球一体化产生的劳动力、原材料等基

---

① 数据来源：根据《中国科技统计年鉴2006》和《中国科技统计年鉴2013》中的数据计算而来。
② 《OECD中国创新政策研究报告》[M]，薛澜、柳御林、穆荣平等译，科学出版社，2011。
③ 王宗军、夏若江、肖德云：《创新能力与技术战略——企业自主创新能力评价与技术战研究》[M]，人民出版社，2011。
④ 张凤、霍国庆："国家科研机构创新绩效的评价模型"[J]，《科研管理》，2007年第2期。
⑤ 苏涛永、高琦："基于随机前沿分析的高校创新效率及差异研究"[J]，《预测》，2012年第6期。
⑥ 王秀丽、王利剑："产学研合作创新效率的DEA评价"[J]，《统计与决策》，2009年第3期。

础要素成本的上升，严重冲击着我国企业的比较优势，导致绝大多数企业无力投入经费于自主创新[①]；同时，目前我国企业之间、企业与高校之间创新资源极度分散，在现有的技术条件下无法实现整合和互补，也无法实现技术和信息的优势互补。其次，近年来我国无论是国有企业还是民营企业从整体上都缺乏具备创新精神的企业家。企业家精神实际上是决定一个企业创新能力的直接力量，我国由于制度、经济、法律和文化环境的不健全，导致我国企业家精神的缺失，造成创新意识不强、发展后劲乏力、敬业乐业不够、缺乏自主性、以及奉献精神缺失、社会责任意识淡薄等现象。再次，由于我国过去一直对智力资本重视程度不够，智力资本积累有限。一方面，虽然从 R&D 人员绝对总量上来看，我国已经超过了许多发达国家，居于世界前列；但从 R&D 人员的相对水平来看，我国每万个劳动力中 R&D 人员的数量却远远比不上发达国家。此外，在我国 110 多万科技中介从业人员中，取得技术经纪人证书资格的人还不足 10%。另一方面，科技人力资源在创新过程中没有充分发挥应有的作用。受要素报酬、工作环境等的影响，近年来许多有经验的高水平科技人才纷纷转行，导致这些科技人才本来固有的优势得不到更好的发挥，不仅如此，还有不少高层次人才流向国外[②]。

2. 创新网络还处于探索阶段

研发投资主要通过两种途径影响创新绩效：一是通过产出更多的创新成果的直接创新；二是通过增强创新主体的吸收能力间接生成创新成果。研究证明，吸收能力与创新产出之间存在正相关关系（陈艳艳，2010）。如果只考虑创新系统内部和区域政府可以通过政策调控的因素，吸收能力的影响因素包括：科技人力资源投入、科技财力资源投入、基础设施投入、科技流通渠道[③]。由于人力资源和财力资源同时也属于资源范畴，本书把基础设施归到创新环境中，这里只对科技流通渠道加以分析。当前，区域创新主体间通过结成网络和区域间以及区域与国际间的知识交流，形成更广泛的网络来提高创新效率和创新产出水平已成为发展的事实（郑展，2010）。然而，一方面，我国还处于建立创新网络的探索阶段，一些高新区倾向于产业集聚，区域带倾向邻近

---

① 洪勇、李英敏：" 自主创新的政策传导机制研究 "［J］，《科学学研究》，2012 年第 3 期。
② 汪洋：《中国企业对发达国家直接投资与自主创新能力研究》［M］，中国经济出版社，2010。
③ 宁东玲：《企业信息化过程中的知识吸收能力研究》［M］，经济科学出版社，2011。

空间组合，并没有建立起真正的创新网络。诸如众多的科技园区内企业相对独立，相互之间业务上的联系不多，并没有形成网络化的协作关系。另一方面，我国企业创新模式比较陈旧，缺少对灵活的、多样化的、介于市场和一体化组织之间的各种新型创新网络模式的探索，这在很大程度上影响了我国创新的效率[①]。

3.1.3 创新环境

创新环境按其物质特性可以分为硬环境和软环境，硬环境主要是指自然地理环境和基础设施配套等物质性环境因素，包括通讯、信息网络和数据库、公用图书馆、科研设施、创新基地、公共信息服务机构等基础设施环境；软环境主要是指政策、法律法规、服务等文化环境，包括区域社会文化环境、政策法律制度、创新的激励措施、社会服务等。就基础设施环境而言，与美国相比，我国现阶段在高速公路、航空、能源以及信息基础设施方面存在许多薄弱环节，在中西部的一些地区甚至还是瓶颈性障碍；我国不但创新基础设施不完备，还缺乏核心技术，关键技术自给率低。在一些特定领域，知识基础设施后备资源短缺，尤其在公共物资的供应方面，如信息共享平台、科技公共服务平台、公共实验平台、工程技术研究中心、共性技术研发等建设也不完善。一些发达国家的知识基础设施的共享率已达到170%，反观我国，公共信息资源共享程度不高的现象普遍存在。就制度环境而言，当前我国创新软环境非常不容乐观，激励微观创新主体进行创新的政策体系不健全，创新政策政出多门，管理不统一，推动要素之间联动制度保障不完善，即存在制度环境不完备、法律环境不健全的问题，甚至一些正式制度中也存在不适应或阻碍创新的因素，或存在内部矛盾。法律环境方面，最为突出的问题表现在对知识产权的保护上。我国99%的企业没有申请专利，拥有自己商标的企业仅占40%[②]，由此可见，我国普遍存在知识产权保护意识不强、创造能力不足、运用力度不够、管理紊乱的现象。同时，侵犯知识产权，特别是侵犯版权与商标权的现象仍然存在。就社会文化环境而言，我国社会文化、价值观等方面，也存在不利于促进创新意识培育和导向的问题。

---

① 张刚、徐乾等：《知识集聚与区域创新网络》[M]，科学出版社，2010。
② 《2010国家创新体系发展报告——创新型城市建设》[M]，国家创新体系建设战略研究组著，科学出版社，2011。

3.2 创新政策影响国家创新系统绩效的传导路径模型框架

创新政策的制定与执行应以提升国家创新系统效率为最终目标，但从一个国家来看，创新的整体效率不等于所有微观创新主体创新绩效的简单相加，同时应该包括各主体之间的互动效应和国家创新系统的整合作用。在历史演进的比较分析中，我们可以找到许多原因来解释为什么我国国家创新系统效率低下，诸如，创新主体激励机制缺陷所致，各创新主体自身创新能力问题，以及以政策体系为主的创新环境问题等。创新环境条件除了直接影响到某项创新活动的发生，还影响从事该项创新活动的相关创新主体，刺激具体创新主体的行为模式，可见环境对于创新既有直接影响又有间接影响。因此，总体上来说，创新政策可以通过两种途径来影响创新系统的绩效：一是通过直接影响创新主体创新意愿、创新主体创新能力和创新环境从而影响创新系统绩效；二是通过对创新环境的影响从而间接的影响创新主体的创新意愿和创新能力最终影响创新系统绩效。在我国推进创新战略、建设创新型国家的实践过程中，存在创新主体缺失、创新主体能力不足、创新环境有待优化这三个主要问题，所以，创新政策能否具有提升国家创新系统绩效的作用，取决于创新政策的制定与执行是否能够激发创新主体的创新意愿、提高创新主体的创新能力以及优化创新环境。因而，创新政策提升国家创新系统绩效的政策传导路径模型就如图3-1所示。创新政策对国家创新系统绩效的提升，是经过创新系统的主体要素和环境要素传导而成的，从这个意义上来看，本书认为创新政策的功能就是政府通过设计政策工具、制定政策措施，实现对微观创新主体创新意愿的培育、创新主体创新能力的提升以及创新环境的优化，并最终促进促进国家创新系统绩效的提升。

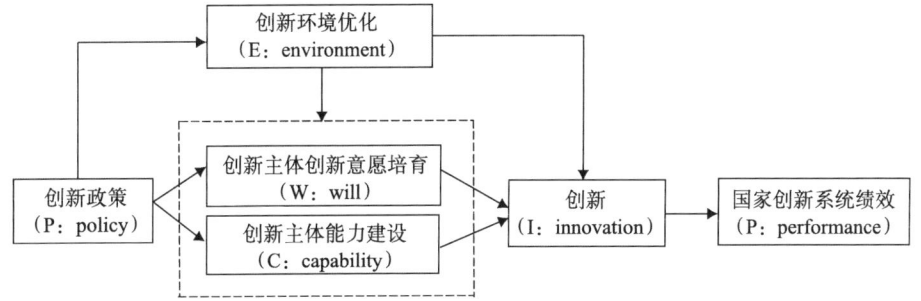

图 3-1　创新政策影响国家创新系统的传导路径模型框架

3.3 创新政策影响国家创新系统绩效的作用机制

根据 Metcalfe（1995a，1995b）对技术政策的分类：一类是将技术可能性和企业能力视为给定的，技术政策主要关心资源和激励，从企业外部环境着手，通过改变企业净的边际收益促进技术进步、技术发展；另一类政策关心创新机会，这类政策通过提高企业能力（主要是知识创造、知识运用能力和管理能力）增加企业创新的机会①。本书将创新政策分成三类：第一类是将技术可能性和创新主体能力视为给定的，创新政策主要是关心资源和激励，通过改变净的边际收益、风险、以及市场需求来刺激创新主体的创新意愿；第二类政策通过优化资源配置，增强知识流动、加强创新网络建设来提高创新主体的创新能力；第三类政策旨在通过优化创新环境来改变创新主体的创新机会，提高创新成功的概率。三类政策的合力实现国家创新系统绩效的提升。

3.3.1　创新主体创新意愿培育

在创新实践过程中，从国家创新系统的构成要素来看，存在创新主体缺失的问题，即微观创新主体不愿从事创新活动以及创新主体之间没有开展合作创新的意愿，导致这一现象的根本原因是创新主体的创新动力不足。假设市场主

---

① 梅特卡夫著，冯健译：《演化经济学与创造性毁灭》[M]，中国人民大学出版社，2007。

体都是理性经济人，追逐利益就是他们的天性。正是由于创新活动具有外部性、创新过程中的信息不对称、创新收益的不确定性以及创新成果的公共物品特征，严重影响了创新主体独立承担创新活动或者合作创新动的积极性，所以，要激发创新主体的创新意愿，调动创新主体的创新积极性，首当其冲的是要能够从制度层面上保障创新主体的创新收益。在创新主体培育这一政策功能上，创新政策设计的出发点就是创新收益的保障机制。

1. 创新主体的利益补偿机制

在有一定投入能力的条件下，即使不存在任何竞争压力，让具备相应投入能力的创新主体从事创新活动的基本条件是：创新收益大于创新成本、创新风险能被控制在最低接受范围内。但是，由于创新的溢出效应，使创新的私人收益与社会收益之间存在外溢差距。要激发创新主体将创新意愿转变成实际的创新行动，需要政府的介入，针对创新活动带来的正外部性，即创新产生的社会收益大于个体收益对创新者进行部分补偿。直接的财政拨款和税收减免等财政政策均可让创新主体增加利益预期，进而产生利益驱动，是政府激励创新主体开展创新的普遍做法。

2. 创新收益的持续保障机制

由于创新成果具有不同程度的公共产品属性，必须寻求一种长期的制度安排，使得创新者能够预见到成本的补偿和合理的回报，即允许创新者享有一定时期的创新成果垄断权，从而保障创新收益的回报率。知识产权保护制度和专利制度，通过明确赋予创新成果创造者以某种专有权，让其在一定期限内对创新成果的收益享有独占权，增强创新主体开展创新的积极性，刺激创新活动持续进行。同时，将知识产权作为解决利益分配机制问题的中心环节，明确创新参与者各自的责、权、利，充分调动创新主体进行创新的积极性以及寻求合作创新的主动性[1]。

3. 创新主体创新风险的分担机制

创新过程的风险不仅包含技术风险，也包含市场风险。鉴于此，一方面政

---

[1] 林云：《内生性技术创新动力与效率研究》[M]，中国社会科学出版社，2011。

府可以通过给某些创新活动提供财政补贴或税收优惠，减少创新主体的成本支出，通过直接的成本分担来降低创新失败所带来损失；另一方面风险投资具有一种鼓励冒险、允许失败的制度效应，政府可以通过风险投资政策来分散创新主体所面临的巨大风险。除了能消减创新风险，风险投资政策还具有市场筛选、要素集成、引导创新方向、推动高技术产业的快速成长的功能。

4. 产学研合作的信用机制

信息不对称、激励不对称和风险不对称成为当前我国产学研合作信用存在的突出问题[1]。信用制度不仅可以降低科技交易成本，更是防范合作中道德风险的根本保障。通过建立以政府为主导的产学研合作信用监督制度、产学研合作信用风险识别机制、产学研合作信用信息有序披露制度以及产学研合作信用预警机制，帮助合作创新的参与者恢复合作信任、增强合作信心、激发合作的积极性。

5. 创新活动的需求拉动机制

创新成果只有在有市场需求的情况下才能顺利实现其市场价值，创新成果产业化阶段受市场需求拉动力较强。政府采购为没有市场的创新产品创造了市场，为已有市场的创新产品增加了市场。当政府作为市场采购方对产品的功能特征做出明确要求时，形成市场需求中的创新导向[2]。政府采购政策可以有效地降低创新成果的市场风险，通过价格、数量、标准和交货期等影响创新的方向和速度。

综上所述，创新主体培育的政策传导机制如图 3-2 所示。

3.3.2 创新主体能力建设

从 2010 年开始，我国国内生产总值世界排名第二，然而，2013 年人均 GDP 世界排名 86 位。我国人均 GDP 世界排名如此靠后，恰恰表明了我国的创新能力远远不足。本书从创新链的角度来研究创新政策对创新主体创新能力提升的传导机制。创新链是描述一项科技成果从创意的产生到商业化生产销售整

---

[1] 陈艳艳："我国产学研合作应加强政府信用监管" [J]，《技术经济与管理研究》，2009 年第 2 期。

[2] 聂颖：《中国支持科技创新的财政政策研究》[M]，中国社会科学出版社，2013。

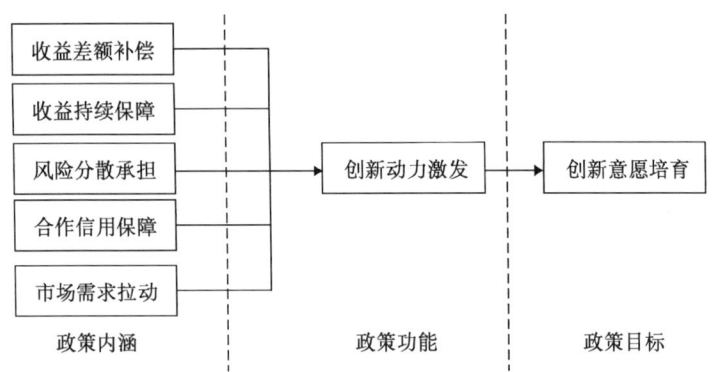

图 3-2 创新主体培育的政策作用机制

个过程的链状结构,主要有研究与试验发展、工程化开发和商业化这三个环节①。在研究与试验发展阶段,存在研发投入不足、研发人才缺乏、技术储备有限等问题;在工程化开发环节,主要存在技术工人整体素质偏低、生产设备先进程度不高的问题;在商业化环节,主要存在科技成果转化率较低的问题。杨蕙馨和李国峰(2012)通过对我国16个省(直辖市)2009—2010年企业自主创新现状调研发现,技术人员、资金和技术储备是限制中国企业自主创新发展的主要内部瓶颈②。从产业链的角度来看,企业既离不开与产业链上各个主要环节的垂直沟通,也离不开与产业链上各个辅助环节的商品沟通,这就决定了创新网络对创新成果商业化的重要作用。所以,在激发创新主体创新意愿对创新主体进行培育的同时,还应重视另一个影响创新的企业内因,即创新主体的创新能力。为了实现促进创新主体能力提升这一目标,要求创新政策能够发挥资源供给和创新网络建设的政策功能。

1. 创新资源供给

(1)创新的资金支持机制。资金是创新发展的发动机、助力器。从事创新活动需要投入巨大的资金数额,我国以中小型企业居多,积累少、资金自筹困难。此时需要政府提供政策在资金上予以支持,政府的科技投入不仅可以直接推动科技进步,还可通过影响创新主体的科技投入,间接影响科技创新。一

---

① 许骏:《科技企业自主创新能力提升途径》[M],经济科学出版社,2011。
② 杨蕙馨、李国峰:《中国企业自主创新能力提升路径与对策研究》[M],经济科学出版社,2012。

方面，政府通过财政政策来资助创新活动。如对国有科研机构和高校 R&D 活动进行拨款和提供资金，为企业的研发活动进行补贴、提供税收优惠政策（如加速折旧等）以及通过产品采购措施来实施财政资助。另一方面，政府通过金融政策为创新主体提供一个鼓励创新、支持创新的金融环境，如为创新主体提供信贷资金或风险投资等途径来支持创新活动。

（2）创新的人才支持机制。与物质资本相比而言，人力资本更具能动性。人力资本不仅是新技术的创造者，更是创新传播、扩散的载体与媒介。我国人力资本基尼系数逐年下降，人口受教育程度均等化水平与发达国家存在巨大的差距，目前我国缺乏高级技术工人。为此，政府需要设计人才政策通过多种方式建立起人才供给机制，如落实义务教育制度降低文盲率、增加高等教育经费投入提高我国人力资本存量、通过人力资本的政策配置（即根据一定时期经济和社会发展目标的要求，通过政府行为将人力资本分配或安置在特定岗位上的人力资本配置方式）吸引创新急需的高技术人才、通过人力资本补贴政策和股票期权制度来吸引和留住高素质人才。

（3）知识和技术源供给机制。除了资金、人力有形资源外，创新必不可少的资源还有知识、信息、技术等无形资源。目前我国在很多领域都缺少核心技术，依赖外部技术源是我国创新主体的现实选择。一方面，政府利用其拥有的各类政治、经济专门机构，为创新主体提供信息，减少因信息不对称导致的创新活动障碍；同时，通过知识服务向企业扩散技术，为企业（特别是中小企业）创新提供技术支持；另一方面，我国政府通过对外贸易政策和消化吸收再创新政策，鼓励引进国外先进技术，利用国内外优质资本、先进技术，提升核心竞争力。如技术引进的产业政策、技术引进的技术政策、技术引进的消化吸收与创新等专项政策、国产化政策、技术引进的资金支持政策等，实现国外先进技术的转让，帮助企业实现技术获取的海外直接并购。

2. 创新网络建设

创新网络是一种具有创新的各种特征的制度安排，是由各参与要素之间的相互联系的和相互作用所形成的（Lundavall，1992），创新网络构架的主要连接机制是创新主体间的创新合作关系。创新网络的关键价值在于构建了便于创新参与者之间活动和相互作用的桥梁，有利于创新主体间知识和信息的产生、积累和传递，为集体创造、扩散和应用知识和技术提供了有利的平台①，提升科技成果转化率。

（1）创新主体协作创新的协同机制。在协同理论的解释下，创新网络发挥了协同或整体效应优势，实现了合作的高效益。政府积极推进体制与机制创新，搭建以工程技术研究中心（合作研究机构）、研发公司为中心的科技平台，同时，建立官民结合、官民互动的创新组织，构建协同创新的技术研发合作联盟、技术产业链合作联盟、市场合作联盟，启动重大协同创新项目（计划），形成互相交叉、互相融合的协同创新网络。

（2）创新资源共享与整合机制。创新网络中不同的创新主体之间通过网络合作共享双方的资源，发挥各自的优势，实现资源共享和互补。在创新资源约束条件下，对资源的配置和利用提出了更高的要求，即进行资源整合使得配置更为有效、利用更加合理。政府主要通过制定法律、法规，建设创新资源整合的秩序和规则，完善监督管理机制，以知识产权政策为基础保障和提高创新资源拥有者参与整合的积极性。同时，建立相应的利益协调与补偿机制，实现各种资源的高效流动与共享。

（3）知识分配力机制。创新网络确保知识的流动，尤其是促进隐性知识流动的有效方式。创新网络中的"知识分配力"指的是"确保创新者及时获得相关知识的能力"或"通过增进对现有知识的转移、转化和获取，从而支持提高扩散及使用知识过程运行效率的系统能力"②。政府通过设立生产力促进中心、各类咨询和评估机构为创新提供信息和解决创新过程中遇到的问题，通过建设高科技园区和企业孵化器等促进知识的流通与扩散。另外，还需要政府确立知识流动和技术转移方面的相关立法，明确各方的权益和义务。

（4）社会资本积累机制。在创新网络中，社会资本是指各创新主体之间的社会联系等社会关系的综合，包括创新主体获取并利用各种社会关系获取外部信息和资源的能力（蒋同明，2012）。良好的社会资本能降低创新合作的协调成本，社会资源越丰富，创新网络成员越广泛、创新网络中成员共享知识程度越高。政府可以通过正式制度安排，采取积极措施，逐步培育创新主体的信任环境，并建立一系列保护合作交流的规范，促进网络成员间的合作与交流，

---

① 蒋同明：《科技园区创新网络演化与应用》[M]，知识产权出版社，2012。
② 郑展：《知识流动与区域创新网络》[M]，中国经济出版社，2010。

进而为创新活动积累社会资本。

（5）创新机会获取机制。创新系统中的纵向合作主体（如创新创造者、销售商、客户等）的交流和沟通，对潜在的市场机会做出更快、更有效的反应，横向合作主体（如企业、大学、科研院所等）的交流可了解最新技术的发展趋势，创新主体与政府和服务机构的交流能获得行业政策导向方面的信息，从而扩大创新机会集。政府通过建设行业协会、技术交易服务平台、专业技术服务平台、科技公共资源服务平台、信息集成服务平台和科技成果与信用评估平台等，增加创新主体可能的创新机会以及创新机会之间的组合。

总的来说，创新主体能力建设的政策传导机制如图3-3所示。

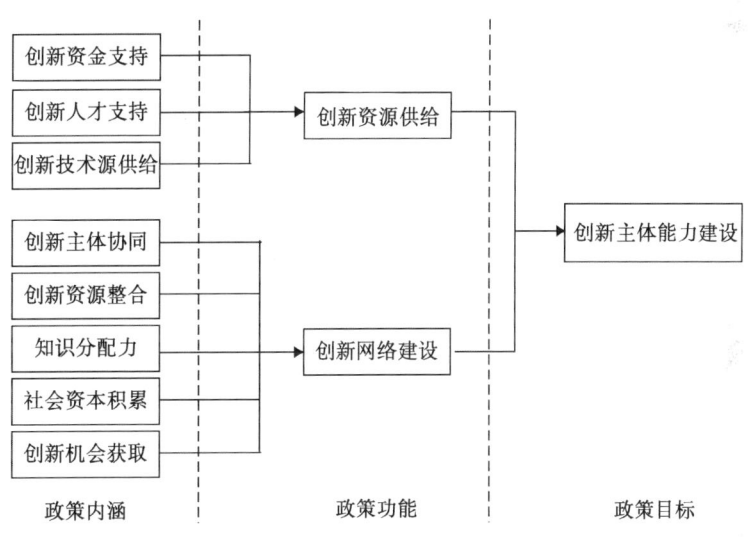

图3-3 创新主体能力建设的政策作用机制

3.3.3 创新环境优化

创新环境主要起到向创新主体提供"营养"与服务、提高创新主体创新成功概率的作用。创新环境是创新的强外在约束，影响的是创新主体的行为选择空间。创新环境应该包含两个方面的含义：一是促进行为主体不断创新的区域环境（静态的环境）；二是为进一步促进创新活动的发生和创新绩效，企业环境自身随着客观条件的变化，随时进行自我创新和改善的过程（动态的创新环境)①。赵付民、周珊刚（2005）将创新环境区分为政府主导的创新环境、市场主导的创新环境和区域文化与价值观。自2001年以来每年发布的具有较高权威性的《中国区域创新能力报告》主要从以下五个方面来衡量区域创新环境：基础设施、市场环境、劳动者素质、金融环境和创业水平。本书认为市场环境、创业水平主要是由市场主导，劳动力素质和金融环境是从资源的角度进行考察，主要影响的是创新主体的创新能力；另外，与创新活动有直接关系的由政府主导的还有政策法规和创新文化氛围等软环境，构成动态的创新环境。基础设施方面的硬环境是软环境发挥作用的物质平台，有利于创新主体进行创新的静态创新环境。随着社会经济的发展和知识经济时代的到来，硬环境和软环境的作用发生了相对改变，具体而言，硬环境的作用从绝对优势到保持相对稳定，软环境的作用从微不足道到越来越重要②。所以，在激发创新主体创新意愿对创新主体进行培育、提升创新主体创新能力的同时，还要求创新政策能够实现优化创新环境的目标。为了实现这一目标，创新政策应该具备基础设施配套和创新制度保障的政策功能。

1. 基础设施配套

（1）创新基地与平台构筑机制。科技创新基地与平台对提高国家创新体系的整体效率具有重要的作用，但这些基础平台的建设具有投资高、周期长的特点，私人很难涉足，必须由政府主导规划和建设。在这方面，政府除了建设交通、网络等，还通过建设国家实验室、科研基础设施和大型科学仪器、设备共享平台、自然科技资源共享平台、科学数据共享平台、科技文献共享平台、成果转化公共服务平台、网络科技环境平台等，并建立和完善国家科研基地和科研基础设施向企业和社会开放共享的机制和制度③，全面加强对创新的支撑；同时，通过加强科技工业园区的建设，使其成为经济发展的前沿阵地。

（2）科技信息服务机制。20世纪90年代以来，随着计算机技术的不断突破，信息基础设施对创新的贡献日益加强。发达国家为了抢占信息化的信息化

---

① 盖文启：《创新网络——区域经济发展新思维》[M]，北京大学出版社，2002。
② 杨东奇、朱建新、刘茂长：《高新技术企业自主创新环境研究》[M]，科学出版社，2009。
③ 国务院关于印发实施《国家中长期科学和技术发展规划纲要（2006—2020年)》若干配套政策的通知。

的先机，率先加快了国家信息基础设施的建设①。信息基础设施不仅能充当创新主体随时进行沟通、交流的桥梁角色，而且通过快速传递信息，降低创新的成本和风险，增强创新主体对未来科技发展主攻方向的判断的准确性，为创新活动提供技术咨询和信息咨询，加快创新成果产业化进程。政府通过成立国家科技图书文献中心、建设数字图书馆、完善技术中介机构、情报机构等，实现资源共享和信息利用，发挥最大的社会效益和经济效益。

（3）创新专业服务机制。专业服务机构对促进创新成果转化提供了良好的环境和资源，是创新成果产业化的重要支撑服务体系。例如，20世纪90年代以来，在各级政府的大力支持下，我国创新服务机构迅速发展，目前已建立了以提供信息咨询服务为主、以促进科技成果转化为主、以科技资源有效流动、合理配置提供服务为主、以金融服务为主、以提供各种评估和认证服务为主的创新服务机构，有力地促进了创新成果转化和高新技术企业的成长，对提高国家创新系统绩效发挥了重要作用。

2. 创新制度保障

（1）制度环境保障机制。这里所指的创新制度是国家层面的正式制度体系，主要包括科技制度、产权制度和投融资制度②。基于此，政府必须深化科研机构改革、创新科技管理体制，建立现代科研院所制度，完善科研评估制度和产学研合作制度；同时，在知识产权制度方面，政府致力于健全知识产权保护的法律体系、完善以产权制度为核心的现代企业制度、建立相应的人力资本产权实现机制。在投融资制度方面，政府着力建立有效的信用担保制度、完善风险投资制度和退出机制，为风险投资的发展创造良好的环境。

（2）政策法规制定机制。各级政府可以在国家法律的框架下，根据本地区的经济发展情况进行立法，将有关创新政策通过法定程序上升为区域内的地方法规③，并且注重法律法规的长效机制与短效机制的结合。以美国为例，为了保障创新成果从而充分激励创新活动的开展，美国将保护专利权写入宪法，奠定知识保护的法律基础。并进一步依据宪法，制定、颁布一系列保护创新成果的法规，如商标法、统一商业秘密法、知识产权法、著作权法、信息法、计

---

① 陈原、闵惜琳、张启人：《创新经纬》[M]，化学工业出版社，2012。
② 廖少纲："自主创新软环境系统研究"[D]，《同济大学》，2008。
③ 陈雅玲："区域自主创新的软环境建设研究"[J]，《对外经贸》，2012年第4期。

算机软件法、集成电路保护法、数据库保护法,以及联邦技术转移法、技术扩散法等①,使得创新过程的任何环节都有法可依,更为创新成果的转让、扩散提供了最有利的保护措施。

(3) 有效竞争市场构建机制。政府应致力于清理行政垄断,通过颁布与严格执行《反垄断法》、《反不正当竞争法》,为规范市场行为形成良好的制度环境,构建竞争的有序市场结构。同时,以产权为基础、法律为保障,建立信用评估机制,使创新主体间形成相互信任的诚信市场环境。另外,政府通过科学设置审批职能、尽量减少规制负担,营造优质、高效、廉洁的政务环境,为创新主体创造更加公平的市场环境。

(4) 创新文化氛围营造机制。社会文化是构成创新软环境的一种非正式制度,政府必须通过教育与宣传,培育创新文化价值观,鼓励超越自我、敢于冒险、崇尚创新的优秀品质;倡导合作文化和共赢文化,营造勇于挑战、重视个性、鄙弃随波逐流的社会风气;形成一套比较完善的创新人才选拔、吸引、培养、支持与组织管理的制度文化,为创新主体的创新活动提供文化支撑。

综上所述,创新环境优化的政策传导机制如图3-4所示。

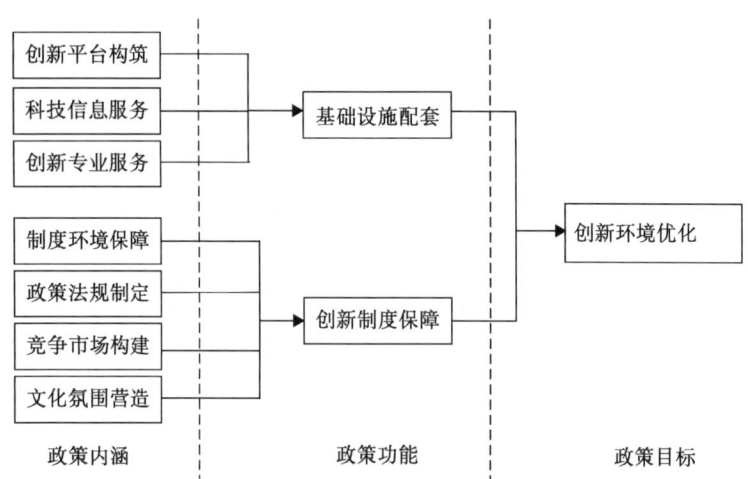

图3-4 创新环境优化的政策作用机制

---

① 张明龙:《区域政策与自主创新》[M],中国经济出版社,2009。

第4章
创新政策影响国家创新系统绩效的概念模型与研究假设

通过第3章的理论分析，我们发现创新政策能够有效地提升国家创新系统绩效，对国家创新系统绩效产生积极的作用和贡献。那么，创新政策对我国国家创新系统绩效的影响到底有多大？应该如测度创新政策？本章首先通过梳理我国创新政策的主要内容，结合第3章的研究构建创新政策影响国家创新系统绩效的理论模型，再通过相关实证研究提出创新政策影响国家创新系统绩效的研究假设，以便从实证的角度来验证第3章的理论分析。

4.1 我国创新政策体系

1978年以后，我国逐渐将以市场为导向的经济基本原则引入科技政策改革，经历了一系列多层次管理改革，同时，导致了不同政府部门和机构的行政权力变更。与我国创新政策有关的主要行政利益相关者（也可称为我国创新政策体系的组织结构或科技管理的制度安排）及其相应的职能如图4-1所示。1998年国务院成立科技教育领导小组，是中国首要的创新政策协调机构，也是中国科技和教育政策最高级别的协调机构；国务院总理作为科技和教育领域国家战略的决策者协调政府政策以及协调部委和地方一级的创新政策。国务院直接领导中华人民共和国国家发展和改革委员会（以下简称"国家发改委"）、中华人民共和国科学技术部（以下简称"科技部"）、中华人民共和国教育部（以下简称"教育部"）、中国科学院、中国工程院、中华人民共和国商务部（以下简称"商务部"）等机构，共同执行国家科技计划。目前，科技部被认为是设计和实施创新政策最具职权的机构（Huang，Amorim，Spinoglio 等，2004）。

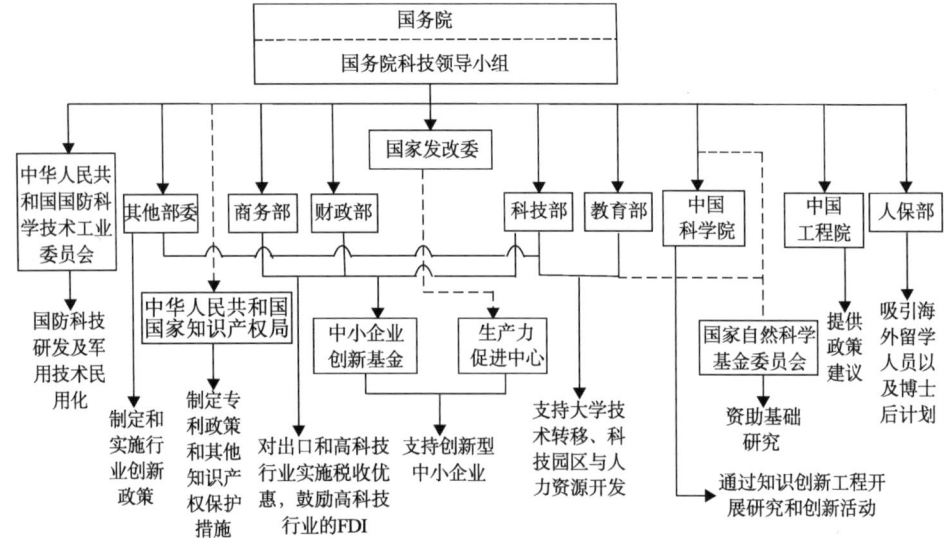

图 4-1　中国科技创新组织体系

资料来源：谈毅：《我国创新政策绩效评价研究》[M]，上海交通大学出版社，2013。

根据国务院印发的《国家中长期科学和技术发展规划纲要（2006—2020年）》若干配套政策，我国目前制定的创新政策主要包括科技投入、税收激励、金融支持、政府采购、引进消化吸收再创新、创造和保护知识产权、人才队伍、教育与科普、科技创新基地与平台和加强统筹协调这几个方面的内容。据统计，围绕《规划纲要》而制定的60条配套政策和70份实施细则总共涉及214项政策工具内容。其中，法规管制类的政策共有60项，占有28.04%的比例。其次是人力资源培养、科技基础设施建设、税收优惠、金融支持和资金投入，分别占有12.62%、11.21%、8.41%、7.94%和7.48%的比例，政府采购和贸易管制也得到了比较大的应用，所占比例接近，分别为4.67%和4.21%[①]。

---

① 数据来源：施丽萍："基于内容分析法的中国科技创新政策研究"[D]，《浙江大学》，2011年。

本章通过对这些政策内容和实施细则进行梳理,对我国创新政策体系从财税政策、金融政策、人力资本政策、政府采购政策、知识产权保护政策、开放政策、基础设施政策7个维度展开探索,如图4-2所示。

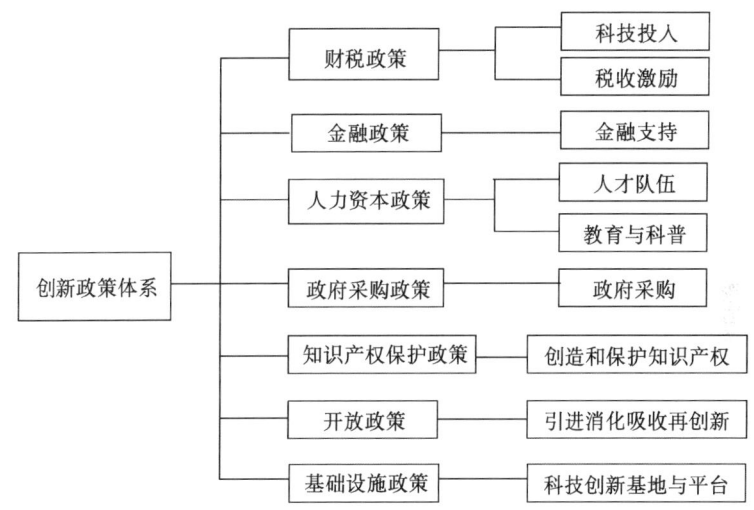

图4-2 我国创新政策类型

4.2 概念模型构建

根据第3章的创新政策影响国家创新系统绩效传导路径模型,本书认为创新政策可以通过两种途径来影响国家创新系统绩效:一是通过直接影响创新主体创新意愿、创新主体创新能力和创新环境进而影响国家创新系统绩效;二是通过对创新环境的影响进而间接地影响创新主体的创新意愿和创新能力,最终影响国家创新系统绩效。通过创新政策对创新行为者的激励,只有内化为创新意愿才能有效促进创新行为的产生,创新行为者创新意愿越强,就更加积极主动地从事创新活动,创新成功的可能性就越大,最终才能提高其创新绩效。国内外大量文献对创新能力、创新环境和创新绩效之间的关系展开了实证研究,其研究结论基本一致:(1)创新主体的创新能力与创新绩效之间存在着明显的正相关关系，创新能力对创新绩效的贡献为正且统计显著；（2）创新环境对创新绩效有显著影响，区域创新环境的改善增加区域创新绩效；（3）创新环境对创新能力有正向促进作用。

通过对我国创新政策的梳理，本书提出基于 7 个维度的创新政策对国家创新系统绩效影响的概念模型，如图 4-3 所示。在本模型中，从创新效益角度将国家创新系统绩效划分为科技效益、经济效益和社会效益 3 个维度。

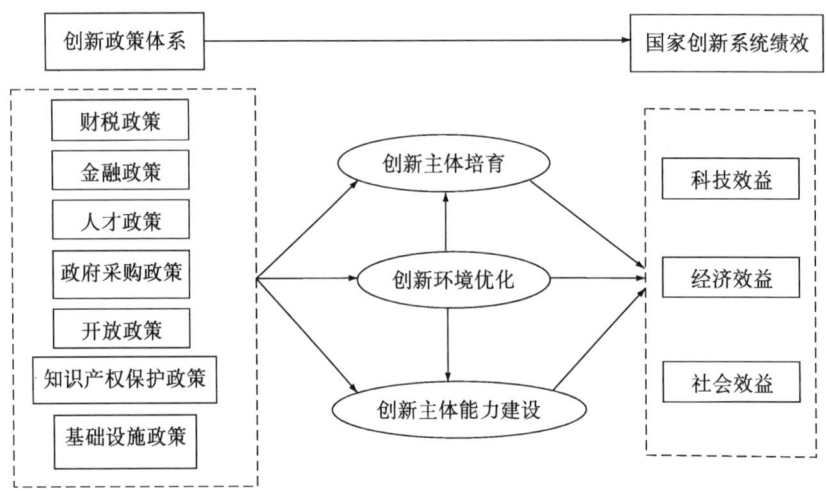

图 4-3 创新政策对国家创新系统绩效影响的概念模型

4.3 研究假设的提出

4.3.1 财税政策与国家创新系统绩效间的关系

资助私人创新活动的必要性有坚实的理论依据，至少可以追溯到 Arrow（1962）。根据经济理论，研发情况下完全竞争无法使社会福利最大化，因为创新活动的输出具有到非独占性、不可分割性和不确定性，阻碍了企业完全内部化研发投资的收益。因此，没有政府支持，私人资源配置到研究和发明的均衡水平最终低于社会最优水平。为确保进行创新的资源最优配置，大多数工业化国家实施公共政策，通过直接补贴、税收减免和其他激励措施支持私人研发活动。这些政策旨在减少创新成本，刺激创新投资。对于这些政策影响的实证文献已经非常多了，而且还在快速增长。

Brouwer 等人（2002）首次正式评估荷兰 R&D 税收激励时，他们对各种创新产出进行回归，研究发现税收抵免增加 1%，导致创新产品短期内销售额提高 19%。Dahlby（2005）研究表明每 1 美元的税式支出的税收激励研发活动在 0.98~1.38 美元之间，这些税收减免对企业研发决策产生积极影响，并且增加创新产出。Czarnitzki、Hanel 和 Rosa（2011）考察了加拿大 1997—1999 年期间联邦和省 R&D 税收减免计划对制造业的创新活动的影响，通过使用非参数方法探讨了 R&D 税收减免对新产品数量、新产品销售和原创性创新等一系列创新指标的平均效应，研究发现税收减免导致更多的创新产出。Bérubé 和 Mohnen（2009）进一步对已受益于 R&D 税收减免的企业所实施的 R&D 资助的有效性进行研究，他们使用非参数方法，利用加拿大统计局 2005 年创新调查数据，发现同时获得 R&D 税收减免和 R&D 资助的企业要比仅仅只享受 R&D 税收减免的同行企业不但推出更多的新产品，而且生产更多世界一流的创新产品，并且在创新产品商业化的过程中更为成功。Bronzini 和 Piselli（2012）评估了在意大利艾米利亚-罗马涅区实施的 R&D 补贴计划的效果，他们通过使用断点回归方法，发现研发补贴计划对受补贴企业的专利申请数量产生了积极的影响。研发补贴除了对微观主体自身的创新行为产生影响，对产学研合作也产生重要的影响。Broekel（2013）基于德国 270 个劳动力市场和 4 个产业的面板数据，实证研究表明：对研发合作进行补贴是刺激区域创新绩效有效的政策措施，创新能力低的地区从对区域内企业和区域外公共研究机构之间合作进行补贴的措施中获益最多。

国内学者匡小平、肖建华（2007）认为企业所得税对一国的创新能力具有重要的影响，他们通过建立回归模型，得到企业所得税每降低一个百分点，国家创新能力提高 0.48 个百分点的结论。白俊红、李婧（2011）应用 1998—2007 年中国大中型工业企业面板数据，采用 C-D 生产函数形式的随机前沿模型，实证研究发现：政府 R&D 资助对提升企业的技术创新效率有显著的正向影响。中国税务学会学术研究委员会第一课题组（2007）从理论和实证等多角度论证税收政策与企业自主创新能力的相关性。另外，我国还有一些学者从创新过程的角度分析了财税政策对创新的影响。邓子基、杨志宏（2011）利用 1991—2008 年的数据，运用协整检验和格兰杰因果检验的计量方法，得到在创新各个阶段起主要作用的具体财税政策工具不同结论。他们认为，在研发阶段和成果转化阶段，财政拨款、财政补贴等财政支持和税收优惠都起到了很重要的作用，但财政支持在研发阶段作用更大，而税收优惠在成果转化阶段发挥了更大的作用；在产业化阶段，税收政策和政府采购政策具有重要影响。马海涛、许强（2014）利用比较静态、通过技术创新供求模型以及两阶段博弈模型分析了财政政策对企业技术创新的效应，同时通过数理模型推导出税收政策对企业技术创新的效应，得到了和邓子基、杨志宏（2011）类似的研究结论。

根据前人的研究，笔者提出：

假设 1：财税政策对国家创新系统绩效具有显著正向影响。

4.3.2 金融政策与国家创新系统绩效间的关系

除了创新的私人收益和社会之间存在差额外，导致研发投资不足还有另一个原因：如果创新投资者和金融家是不同的实体，那么私人收益率和资本成本之间存在一个额外的差额（Hall 和 Lerner，2009）。尽管可以通过补贴或税收激励来解决与研发报酬非独占性有关的问题，但使用外部资本对研发资本进行融资仍然非常困难，而且成本高昂。微观创新主体投入自己的资金进行创新所要求的收益率和外来投资者所要求的收益率不一致，有时两者相差很大，可见资本市场不完善会阻碍创新的产生。因此世界各地的许多政策制定者设立政府支持项目，通过银行信贷和风险资本等金融支持，为创新提供资金支持和服务，补偿科技创新的成本以及分担风险。

Kortum 和 Lerner（2000）研究了美国 20 个行业三十多年来风险投资对专利发明的影响，他们通过考察为刺激风险投资筹款而在 1979 年发生的政策变动，发现风险投资活动的增加与行业的专利申请活动显著相关，虽然美国在 1983—1992 年，风险资本在研发资金中的比例平均不足 3%，但根据估算，在这期间由风险资本所引发的产业创新占有 8% 的比例。Da Rin 等（2006）利用 1988—2001 年欧洲 14 个国家的数据，通过构建面板数据模型，实证评估了欧洲风险投资政策效果，研究结果显示：政府增加资金供应，前期阶段的风险投资和后期阶段的私人股本随之增加，高科技和非高科技的风险投资也会随之增加。Cumming（2007）基于对1982—2005年澳大利亚280家风险投资和私募股权投资基金以及845家创业型企业的分析，实证评估了创新投资基金政府项目，研究表明该项目促进了研发商业化的新技术企业的发展，进而推动了创新的实现。Pottelsberghe de la Potterie（2004）认为政策性银行贷款在技术发展的前期阶段发挥了重要的作用。Kim和Lee（2011）简单介绍了韩国政府对商业创新的金融支持的演变，他们基于韩国创新调查2005的数据，使用Probit回归模型，实证研究发现在企业层面上政府资金支持对创新产出有积极影响，在国家层面上对实现更高的创新水平同样具有正向影响，但在统计上不显著。

国内学者凌江怀、李颖和王春超（2009）通过分析金融约束对科技创新的影响以及金融支持对科技创新的重要作用，提出构建科技创新的政策性金融支持路径，从而加快自主创新。柏玲、唐艳玲和袁蕾（2011）基于1998—2008年省际面板数据，使用协整分析、Granger因果检验和误差修正模型实证分析了我国金融支持与创新能力之间的关系，研究结果显示金融支持是创新的Granger原因，两者之间存在着稳定的均衡关系。而潘雄锋、史晓辉和王蒙（2012）使用状态空间模型，实证研究了1990—2008年我国金融政策的效应，研究结果显示：金融高科技贷款对科技发展的弹性系数呈现出明显的阶段性特点，这种阶段性特点主要与国家科技金融政策的变化具有十分密切的关系。关于政府风险投资，曹雪琴（2007）通过分析亚太发达国家风险投资的激励效应与模式，提出为营造企业——市场主导的风险投资体系，我国政府应通过扶持风险投资、建设风险激励税制对创新体系产生激励作用。黄燕、吴婧婧和商晓燕（2013）以深圳中小板上市公司为样本，选取2008—2011年的面板数据实证检验税收优惠、研发补贴、金融支持、产权保护以及人才激励五项创新政策的实施效果，研究发现有风险投资的企业产出高于无风险投资的企业。

根据前人的研究，笔者提出：

假设2：金融政策对国家创新系统绩效具有显著正向影响。

4.3.3 人力资本政策与国家创新系统绩效间的关系

在知识经济时代，人力资本是推动创新的基础力量，发挥着以知识存量为主要特征的创新作用，对创新绩效的提高起到了至关重要的作用。采用创新为本的人力资本政策会吸引、培养一批高技术员工，这些高技术员工拥有解决创新过程中疑难问题的专业知识，能促进技术吸收能力的提升；同时，这样的政策也能激励一些员工加倍努力寻求新想法。另外,以创新为中心的人力资本政策有利于促进创新的文化氛围,这种文化往往是创新战略的支撑,因为它创造了奖励成果、促进冒险、提供实验自由的环境。

Petty 和 Gutherie（2000）认为在不同类型的知识资本中,人力资本是最有价值的资产,为提高效率和生产力而花费在人力资本上的资金不应被视为成本,而应当作投资,特别对于非常依赖员工知识和技能的创新型组织。Chacko 和 Wacker（2001）用人力资本理论来解释创新产出的组织竞争性,认为人力资本政策对创新绩效产生了重要的影响。Searle 和 Ball（2003）通过对英国顶尖公司的调查,实证研究发现人力资本政策有效地促进了企业的创新绩效。Gupta 和 Singhal（1993）认为绩效考核、奖励制度和职业管理等人力资源政策能促进创新。Seijts 和 Latham（2005）进一步指出,奖励和表彰制度与创新绩效紧密相连,这些制度能激励员工加倍努力,并更加专注于实现创新。Lund Vinding（2007）利用来自丹麦制造业和服务业的 1544 个企业的经验数据,建立一个有序 Probit 模型,实证研究发现人力资本通过影响吸收能力进而有效地提高了企业的创新能力,人力资本不仅与创新绩效正相关,人力资本还与创新模仿程度负相关。Oke、Walumbwa 和 Myers（2012）实证研究发现人力资本政策与创新绩效正相关。

国内学者范柏乃（2003）采用现场访谈和问卷调查相结合的研究方法,实证分析了我国科技产业人才政策效应及其变化趋势,得到人才政策对发展科技产业的实际功效比较弱的结论,其中"人才教育、人才物质待遇、科技奖励、专业技术职务评聘、人才流动"这五个方面的政策的实际功效是逐年减弱的。何庆丰、陈武和王学军（2009）运用主成分分析法对我国 1996—2007 年全国科技活动、大中型工业企业科技活动、高技术产业大中型工业企业科技活动、高等院校科技活动和科学研究与开发机构科技活动五种类型的科技活动的直接人力资本投入和创新绩效水平的综合评价,认为直接人力资本投入与创新绩效正相关,其对创新绩效的贡献为正。钱晓烨、迟巍、黎波（2010）利用 1997—2006 省际面板数据,引入空间回归方法,实证估计了人力资本对技术创新水平的影响,研究表明从业人员接受高等教育的比例与省域技术创新活动有着显著的正相关关系。陈武和王学军（2012）从正规教育情况、医疗卫生水平和迁徙 3 个维度来测度区域人力资本,并利用我国省际面板相关数据,通过构建结构方程模型,实证研究发现：区域人力资本对区域创新绩效的直接影响效应为 0.577，间接影响效应为 0.488，区域人力资本对企业创新绩效的总影响效应为 1.065，即区域人力资本对区域创新绩效有显著的正影响，提高人力资本水平的人才政策能够提高区域创新绩效。金振鑫、陈洪转、胡海东（2011）基于生命周期理论，从人才成长的角度对政府人才政策进行政策试验，通过构建人才成长 GERT 网络模型对比分析了人才政策的作用效果，结果表明人才"种子"萌芽期的扶持政策提高人才培养的成功率，人才发展期的支持政策缩短了人才的培养周期。

根据前人的研究，笔者提出：

假设 3：人力资本政策对国家创新系统绩效具有显著正向影响。

4.3.4 政府采购政策与国家创新系统绩效间的关系

公共采购在商品和服务总需求中占了相当重要的比例份额，公共采购政策越来越被视为进一步实现创新政策目标的有吸引力和可行的政策工具（Uyarra 和 Flanagan，2010；Georghiou、Edler 和 Uyarra 等，2013）。使用公共采购这个政策工具主要是基于以下两个主要原因：一是为了满足和改善公共服务的供给；二是通过刺激需求来满足特定的政治目标，例如可持续发展（Dalpé，1994）。Edler 和 Georghiou 则认为使用公共采购来激励创新的理由和依据涉及 3 个层次：第一，公共采购是"本地"需求的重要组成部分，成为影响跨国公司的区位选择以及在特定地方进行创新的倾向的重要因素；第二，一系列的市场失灵和系统问题阻碍创新产品商品化，而公共采购可以有效纠正这些市场失灵和系统问题；第三，购买创新成果为改善公共基础设施和公共服务提供了强大的潜力。而政府采购对创新行为的促进作用体现在降低创新行为的决策风险、技术水平风险和市场交易风险。

根据 Sfinno 数据库所收集的芬兰 1984—1998 年之间所有创新商业化的一项分析显示：48% 的项目的创新成功归结于公共采购的作用。Rothwell（1984）通过对比研发补贴和政府采购，得到如下结论：在较长时期内，政府采购比研发补贴在更多的领域引发了更大的创新冲动。Geroski（1990）通过分析创新需求的定量和定性含义，认为采购政策是比研发补贴更为有效的能够促进创新的政策工具。Cabral 等（2006）认为公共采购通过扩大新产品的市场、促进新标准的采用以及改变市场结构这 3 种途径间接影响创新，从而更加有利于创新动态效果。Lember（2011）通过对波罗的海城市的研究，发现大部分诱发创新的采购并不涉及早期创新的新兴技术,而是针对现有解决方案的改进,甚至非技术创新产品。然而,持续购买力产生了一些渐进式创新,而这些渐进式创新对市场产生实质性影响。具有类似发现的还有 Yaslan(2009)对土耳其 IT 创新研究,他对 30 多个采购项目进行分析后发现:公共采购对商业应用的市场产生了重大影响,并且对组织和过程创新具有显著影响。Aschhoff 和 Sofka (2009)利用来自德国 1100 个创新型企业的实证调查数据,使用 Tobit 模型,研究得到:公共采购对创新的成功产生了显著的积极影响,然而,这种正向影响来源于一般的行政采购,而非来源于军方、警察或火警部门所需的采购。

国内著名政府采购理论研究专家刘慧(2005)认为只要运用得当,政府采购将对创新起到巨大的推动作用。为了更好地理解政府采购对创新的作用机理,唐东会(2008)从理论的角度进行了深入细致地研究了,研究得到政府采购主要通过以下 4 个机制来促进创新:降低风险、分摊成本;阻止不利集中化和促进有利集中化;通过买方垄断地位促进国外向本国转让技术;扶持中小企业。王宏、郑上福(2011)基于 2002—2008 年省际面板数据,实证研究了我国政府采购与技术创新的关系,研究结果显示:各省市政府采购规模与技术创新水平呈正相关关系,表明政府采购政策对创新具有显著的促进作用。聂颖(2013)选取了 2000—2009 年的主要数据,通过回归分析得到政府采购与企业的研发经费投入两变量呈同向变动关系,政府采购规模的影响弹性是 0.145,研究表明政府采购政策对创新活动有一定的拉动作用。艾冰和陈晓红(2008)运用灰色关联度分析法,着重研究了政府采购在影响自主创新水平诸因素中的相对位置,实证研究揭示了政府购买水平是影响自主创新水平的一个主要因素,即政府采购对我国自主创新水平具有较强的促进作用。

根据前人的研究,笔者提出:

假设 4:政府采购政策对国家创新系统绩效具有显著正向影响。

4.3.5　知识产权保护政策与国家创新系统绩效间的关系

低水平的知识产权促进了国外技术的模仿,这也降低了外国企业的市场力量以及减少了消费者福利水平,发展中国家也需要提高知识产权水平来鼓励本国企业进行创新。知识产权制度是克服技术知识溢出的重要解决途径,能给予智力成果创新者以强有力的激励,只有在知识产权制度下,将创新的私人收益率提高到接近于社会收益率的一整套机制才能形成,从而确保和推动创新活动的持续进行。知识产权政策对创新绩效的影响可以从克服知识产品的外部性和"搭便车"问题、规避创新的技术、市场和道德风险、对创新主体具有激励作用、加速技术创新的进程、促进科技成果的公开和交流五个方面来体现。

关于知识产权保护政策和创新之间的关系，从全球的视角来看，很多学者关注在发达国家和发展中国家的差异。Allred 和 Park（2007）认为发达国家知识产权保护和创新之间存在倒 U 型关系：知识产权保护水平低的阶段，加强保护可以通过增加创新者获取投资回报的能力来刺激创新，当知识产权保护程度高的阶段，专利从效应以及竞争压力降低可能增加创新成本，并且降低创新激励。Chen 和 Puttitanun（2005）认为发展中国家的创新随着知识产权保护而增加，一个国家最优知识产权水平取决于其发展水平（技术能力），两者之间存在非线性关系。他们利用 64 个发展中国家 1975—2000 年的面板数据，实证研究发现知识产权对发展中国家的创新具有积极影响，知识产权与经济发展之间存在 U 型关系。Park（2007）通过对相关理论和实证文献的梳理，讨论了理论文献的经验性意义，以及在可获得的证据基础上评估了这些理论文献，得到如下结论：知识产权保护政策的效应随着初始水平的知识产权和经济发展阶段的不同而不同。对于发展中国家而言，强知识产权保护对研发影响甚微，但对专利产生负向影响；对于发达国家而言，强知识产权保护对相对较弱知识产权国家的创新产生负向影响，对相对较强知识产权国家的创新产生积极正向影响。Furukawa（2010）利用不具规模效应的内生增长模型推导出知识产权保护和创新之间存在倒 U 型关系。

国内学者孙斌、彭纪生（2010）收集了我国从 1978—2008 年国家及部委颁布的各项与创新相关的政策，研发发现：我国知识产权保护政策力度逐渐增强，并且知识产权保护与创新高度协同。王华（2011）通过对 27 个发达国家和 57 个发展中国家在 2006—2008 年的创新表现的研究，为最优知识产权假说提供了跨国层面的经验证据。总的来说，知识产权保护对技术创新产生积极影响，然而知识产权保护却存在最优保护范围，当知识产权保护过度时，创新速率将下降。他们进一步研究发现：最优知识产权保护力度存在国别差异，发达国家所适用的最优知识产权保护力度显著高于发展中国家。类似的，彭福扬、彭民安、李丽纯（2012）利用我国 2000—2009 年省际面板数据，实证研究也证实了知识产权保护不足或过度都会阻碍技术创新，提出只有与经济发展所处阶段和水平相适应的知识产权保护才能促进创新水平的提高。万志华、高丽峰等（2009）通过测算我国 1990 年和 2005 年的知识产权保护强度的 GP 指数，比较研究了我国实际的知识产权保护强度与适宜于经济发展水平的知识产权保护，结果表明：相对于经济发展水平我国目前的知识产权保护水平已经足够高，并认为目前我国不适宜过快的提高知识产权保护程度。

根据前人的研究，笔者提出：

假设 5：知识产权保护政策对国家创新系统绩效具有显著正向影响。

4.3.6　开放政策与国家创新系统绩效间的关系

在一个开放经济当中，创新绩效的提高不仅取决于本国 R&D 要素的投入，其他国家的行为也通过各种渠道直接或间接对本国创新绩效产生影响。FDI 和国际贸易被认为是传播技术进步、国际技术溢出的主要媒介（De Bondt，1996；Yonghong Wu 等人，2013）。FDI 主要通过示范和模仿机制、竞争机制、前后相联系机制和人员与信息流动机制产生技术外溢，进而影响创新。理论与实证分析均证明，FDI 对东道国创新绩效的影响既存在正面的"溢出效应"，也存在负面的"挤出效应"，多项实证分析表明：总体而言，FDI 的溢出效应大于挤出效应。国际贸易影响创新的机制有以下三种解释：第一，国际贸易增加了竞争，更激烈的竞争环境迫使创新绩效的提高（Kokko，1996）。竞争促进创新主要是因为代理成本的减少、现有利润更低水平的分摊。第二，国际贸易扩大了市场规模，从而培育了创新激励（Acharya 和 Keller，2008）。第三，一方面，通过进口中间投入品和供应网络，使本土企业更好地获取海外知识，从而加强创新（Goldberg，Khandelwal，Pavcnik 和 Topalova，2010）；另一方面，通过出口商品从中获得学习机会，因为海外买家可能建议如何改善制造过程以及共享有关设计规范和生产技术方面的信息（Blalock 和 Gertler，2004）。

Pamukcu（2003）研究了土耳其 20 世纪 80 年代贸易政策改革对企业创新的影响。运用 1989—1993 年制造业的相关数据，使用概率模型评估了贸易政策对企业创新的影响。实证研究发现贸易自由化对创新产生了积极的影响，出口企业和使用进口资本品的企业比那些没有出口活动以及不使用进口设备的企业更可能从事创新活动，出口倾向对创新活动产生正向影响。Qiu 和 Lai（2004）通过一个南北贸易模型论证了贸易政策和知识产权保护政策对创新和模仿的影响，他们认为知识产权标准的改变通常很缓慢，需要很长时间进行立法来制定知识产权标准，而贸易壁垒等措施往往通过行政强加实施而无须立法，所以利用贸易政策来对知识产权保护政策进行补充。Liu 和 Buck（2007）实证研究了不同渠道的国际技术外溢对创新的影响。他们对中国高技术产业的面板数据来进行分析，研究发现：从进出口过程中获得的学习促进了本土企业的创新，只有当本地企业具有吸收能力的时候，跨国企业在东道国的研发活动才能显著影响本国企业的创新绩效。他们的研究结果表明：国际技术溢出和国内企业加强吸收能力合力作用影响中国高技术产业的创新绩效。Cheung（2010）进一步考察了 1995—2006 年通过出口途径的 FDI 对中国高新技术产业的创新绩效的影响，实证研究证实了出口对创新绩效产生了正向影响，技术进口（技术引进）政策对国家创新绩效产生了积极影响。

国内学者马天毅、马野青和张二震（2006）利用 1999—2002 年我国省际面板数据，实证分析了 FDI 与我国技术创新能力的关系。研究表明：FDI 通过溢出效应有效地促进对我国新产品销售收入的增加，FDI 流入量每增加 1 个百分点，可以带动 0.17 个百分点的国有工业企业新产品销售收入。李成刚（2011）研究发现 FDI 与我国技术创新存在长期的均衡关系，并且 FDI 是我国技术创新的格兰杰原因；同时，研发能力和产出分别在 FDI 促进内资企业创新绩效的过程中起不完全中介效应，即 FDI 可以通过促进内资企业的研发能力的提高以及增加创新产出来提高内资企业的创新绩效。此外，一些学者突破只是针对一种技术溢出方式对我国自主创新的影响，对开放政策的综合效应进行研究。如李平、崔喜君、刘建（2007）运用 1985—2004 年的相关数据，基于研发资本投入产出绩效的视角实证检验了三大国际技术扩散路径对我国创新的影响，研究发现 FDI 溢出的国外研发对我国创新的贡献度显著为正，尤其对于中低层次的创新的影响更加明显，进口溢出的国外研发仅仅显著促进高层次创新水平。得出类似结论的还有许和连、胡晓华（2011），他们利用 2001—2008 年我国高技术产业数据，实证研究了外商直接投资和国际贸易对创新产出的影响。研究发现：外商直接投资通过行业间溢出渠道，显著地促进了创新能力的提高，而内资主导型行业的外商直接投资行业间溢出效应大于外资主导型行业；进口为我国带来了先进技术和中间产品，对创新产生积极影响，进口在外资主导型行业的溢出效应大于内资主导型行业，而出口渠道却存在一定的抑制效果。

根据前人的研究，笔者提出：

假设 6：开放政策对国家创新系统绩效具有显著正向影响。

4.3.7 基础设施政策与国家创新系统绩效间的关系

基础设施发展和科技发展是发展政策中两个最重要的领域，政策实践者和学者都倾向于把他们作为独立的问题加以解决（Ridley、Yee-Cheong 和 Juma，2006）。然而，基础设施属于创新环境的硬件条件，是各种创新要素流动的载体，通过降低知识流动的成本影响创新的成本和收益。一方面，根据新增长理论，基础设施可以通过溢出效应和网络效应提高全要素生产率；另一方面，科技基础设施既是创新的研究平台，又是创新的验证和应用平台，同时还是创新链条的节点，它的发展过程促进和提升了相关领域的创新水平。尤其是一些知识基础设施，是知识创造和创新过程的参与者之间信息交流、沟通和协商的重要渠道，有利于新知识、新想法的传播和扩散（Hamdouch 和 Moulaert，2006）。经合组织（2010）强调互联网和交通网络的重要性，并指出高速通信网络是支持整个经济中创新的平台，通信和交通基础设施既促进了产品和服务市场推广，也发挥了知识传播的重要渠道功能。

Blind 和 Grupp（1999）通过实证研究联邦德国各州科技基础设施和创新活动之间的关系，指出公共科技基础设施和创新产出之间存在正相关关系，科技基础设施对创新产出有显著的正向影响。Koh（2006）认为技术基础设施是促使国家成功实现创新型经济增长关键之一，他通过对新加坡实现创新型经济增长方式转变的研究，发现技术基础设施对一国创新能力产生了重要的积极影响。Sivak 和 Caplanova（2011）利用 2009 世界银行企业调查数据，从引进新产品或服务、产品或服务升级、研发和技术授权 4 个方面对创新进行实证研究。研究发现反映区域基础设施的最重要的那些变量对创新具有显著影响，如交通基础设施对产品创新和产品升级产生积极影响，通信基础设施对产品创新、研发和技术许可产生了积极影响，Vinciguerra、Frenken 和 Hoekman 等（2011）通过对欧洲科技创新活动的分析也验证了这一结论。他们认为网络可以使研究者以相对便宜的方式获取高质量的数字信息，从而假设网络有助于区域创新能力的提高，交叉回归空间模型的估计结果显示：基础设施网络确实提高了以科学为基础的技术的专利数量。

国内学者刘秉镰、武鹏、刘玉海（2010）采用 1997—2007 年的省际面板数据，运用新近发展的空间面板数据模型研究了交通基础设施与中国全要素生产率增长之间的关系，实证研究表明：中国的交通基础设施水平显著促进了全要素生产率的增长,由交通基础设施带动的全要素生产率增长占 TFP 整体增幅的 59.1%。张浩然、衣保中(2012)利用我国 2003—2009 年的城市面板数据,采用较前沿的空间杜宾模型,实证研究发现:基础设施投资通过以下两个机制影响创新绩效,一是通过需求拉动和要素积累直促进经济增长,二是通过溢出效应使生产函数整体向上移动,从而提高本地区和临近区域的经济效益。梁超(2013)采用 1998—2008 年的数据研究了基础设施对中国技术创新能力的影响效应,结果表明:交通基础设施、能源基础设施和信息基础设施对中国的技术创新有着显著的正外部性。李平、黎艳(2013)将科技基础设施细分为科技物力基础设施和科技知识基础设施,他们认为科技基础设施对创新具有资源配置效应、知识平台效应、人力资本效应和协同创新效应的作用机制,并进一步利用我国 1997—2010 年省际面板数据建立计量回归模型验证了科技基础设施与创新的关系,结果表明科技基础设施对创新有显著的促进作用,科技物力基础设施对创新的贡献度稍弱于科技知识基础设施。

根据前人的研究,笔者提出:

假设 7:基础设施政策对国家创新系统绩效具有显著正向影响。

第 5 章
国家创新系统绩效的测度及分析

关于创新政策对国家创新系统绩效的影响，不仅仅只需要第 3 章明确作用机理、第 4 章构建理论模型的规范性分析，还需要通过实证研究的方法来加以验证。本书的实证研究包括两个部分：第一，评价国家创新系统绩效；第二，衡量创新政策对国家创新系统绩效的影响。创新是一个复杂的过程，很难捕捉到所有相关的维度，然而，测量创新效率是制定、评估创新政策的必要组成部分。尽管创新效率的概念简化了创新过程，却可以指导政策决策。换言之，只有正确理解了国家创新系统绩效，才能制定出更加切实可行的创新政策。因而，为了更好地理解创新政策对国家创新系统绩效的影响，首先就需要能够正确测度国家创新系统绩效。本章拟采用超效率 DEA 模型测度 G20 国集团的国家创新系统绩效，从比较分析中明确我国在全球创新系统中所处的相对位置，进一步明确创新政策的目标。

5.1 研究方法的选取

创新绩效的测度是在经济增长核算和企业技术创新效率理论的基础上发展起来的创新投入产出效率理论。其基本目标是衡量在一定的创新资源配置条件下，单位创新投入的产出效率，或者单位创新产出的投入效率。根据研究方法的不同，目前国内外对创新效率的评价使用最多的方法是数据包络分析

(DEA)和随机前沿面分析(SFA)。这两种方法对决策单元的评价,各具优势和劣势,其比较详情见表5-1。本书基于以下几个方面的考虑,选择采用DEA分析方法:第一,创新过程具有路径依赖的特征,系统从没有达到平衡,除了投入不同之外,区域所处的政治、文化环境各不相同,所以并不存在最优的创新系统,因此对区域间进行相对创新系统绩效比较更有实际意义;第二,在国家创新系统中,创新投入的转化不仅仅体现在专利和科学论文此类的研发成果上,最为关键的是体现在创新成果产业化上,即研发成果的市场表现,因此本研究需要处理的是多投入多产出的情况;第三,本书要实现的目的是根据实际观测的数据对决策单元(DMU)进行相对有效的评价,从而不必要根据主观判断来设定生产函数形式。

表5-1　DEA非参数方法与SFA参数方法优缺点比较

	DEA	SFA
优点	◆ 模型建立所需条件弱(无量纲要求;不受共线性干扰;无须设定函数关系) ◆ DEA得出的相对有效比绝对有效更有实际意义 ◆ 能处理多投入、多产出情况 ◆ 提供信息更全面,可以进一步改进提供建议	◆ 稳定性较好,对个别单元误差不敏感 ◆ 可取得投入产出函数关系式,进行未来预测
缺点	◆ 无法给出理论上绝对有效状态 ◆ 对单个单元的数据误差敏感,稳定性差 ◆ 忽略了样本的随机性	◆ 模型建立的要求较高(需要确定的函数关系) ◆ 只能处理单产出情况 ◆ 给出的效率值是显示值与"理想值"之比,要求技术水平、生产规模、资源利用等均处于最理想状态

资料来源:张俊芳:《国家创新体系的效率及其影响因素研究》[M],经济科学出版社,2012。

自1978年著名运筹学家Charnes、Cooper和Rhode首次提出CCR模型以来,DEA方法不断得到发展、改进和完善。目前,在改进的DEA方法中,对于经济学、管理学等诸多领域的效力评价,超效率DEA模型的应用最为广泛。为了解决决策单元效率的排名问题,Andersen和Perterson(1993)基于C^2R模型提出了超效率DEA模型,其优点在于,突破了传统的效率为1的限制,可以直接对多个有效决策单元进行优劣比较,通过比较第j个决策单元与其他决策单元的线性组合来对第 j 决策单元进行评价，该模型还可以对 DEA 有效决策单元给出进一步的分析。因此，本书选用超效率 DEA 模型来对国家创新系统绩效进行测度和评价。同时，基于以下三个原因，本章选用规模报酬变动（VRS）的非径向超效率模型：第一，非零松弛变量对决策单元产生重要影响；第二，本章选择的数据样本在指标数值上存在较大差异；第三，规模报酬变动条件下，非径向超效率模型总是可行，并存在有限的最佳状态。

我们可以通过一个双投入、相同单产出的 6 个决策单元来更好地理解超效率 DEA 模型。如图 5-1 所示，有效生产前沿面为 ABCDE，用传统 C^2R 模型计算出来的 C 点效率值为 1，在计算 C 点的超效率值时，C 点就被排除在决策单元参考集之外，此时有效生产前沿面就变成了 ABDE，此时，C 点的效率值为 $OC'/OC > 1$。而对于原来就是 DEA 无效的 F 点而言，其有效生产前沿面没有发生改变，其超效率值仍然与用传统 C^2R 模型评价的效率值相等，为 OC/OF。对于 DEA 弱有效的 E 点来说，超效率评价值不发生改变，仍然为 1。

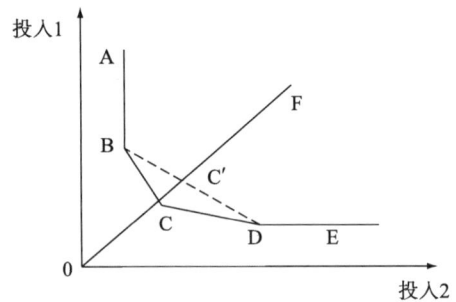

图 5-1 超效率 DEA 的生产前沿面

我们定义一个将 (x_0, y_0) 排除在外的生产可能性集 $P\backslash(x_0, y_0)$ 和 $\bar{P}\backslash(x_0, y_0)$，

$$P\backslash(x_0, y_0) = \left\{ (\bar{x}, \bar{y}) \mid \bar{x} \geq \sum_{j=1, \neq 0}^{n} \lambda_j x_j, \bar{y} \leq \sum_{j=1, \neq 0}^{n} \lambda_j y_j, \sum_{j=1, \neq 0}^{n} \lambda_j x_j, \bar{y} \geq 0, \lambda \geq 0 \right\}.$$

(5-1)

$$\bar{P}\backslash(x_0, y_0) = P\backslash(x_0, y_0) \cap \left\{ \bar{x} \geq x_0 \text{ and } \bar{y} \leq y_0 \right\},$$

(5-2)

借鉴距离权重的概念，我们将 δ 指数定义为：

$$\delta = \frac{\frac{1}{m} \sum_{i=1}^{m} \bar{x}_i / x_{i0}}{\frac{1}{s} \sum_{r=1}^{s} \bar{y}_r / y_{r0}}$$

(5-3)

分子表示 x_0 到 $\bar{x}$ 的距离权重，因此表达了对于点 $(\bar{x},\bar{y}) \in \bar{P} \setminus (x_0, y_0)$，$x_0$ 的平均膨胀率；分母表示 y_0 到 $\bar{y}$ 的距离权重，因此表达了对于点 $(\bar{x},\bar{y}) \in \bar{P} \setminus (x_0, y_0)$，$y_0$ 的平均不足率。

规模报酬变动条件下，非径向超效率模型的求解是通过以下规划来实现：

$$[\text{SuperSBM} - \text{V}] \quad \delta^* = \min \delta = \frac{\frac{1}{m}\sum_{i=1}^{m} \bar{x}_i / x_{i0}}{\frac{1}{s}\sum_{r=1}^{s} \bar{y}_r / y_{r0}} \tag{5-4}$$

$$\text{subject to} \quad \bar{x} \geq \sum_{j=1, \neq 0}^{n} \lambda_j x_j$$

$$\bar{y} \leq \sum_{j=1, \neq 0}^{n} \lambda_j y_j$$

$$\bar{x} \geq x_0 \text{ and } \bar{y} \leq y_0$$

$$\sum_{j=1, \neq 0}^{n} \lambda_j = 1$$

$$\bar{y} \geq 0, \lambda \geq 0$$

关于效率的评估，主要有动态和静态研究两种。对于效率的动态研究，常用的方法主要有视窗分析和"Malmquist 指数"，本章选用"视窗"分析方法来研究、比较世界主要国家创新系统绩效，从而以动态的视角来把握中国在全球创新体系中所处的位置。

视窗分析的基本原理是将不同时期的同一个决策单元视为"不同的"单元，比较该 DMU 在不同时期的状态（即纵向比较），以及比较同一时期该 DMU 与其他 DMU 的状态（横向比较）。由此可见，视窗分析不仅可以评价不同 DMU 之间的相对绩效，而且还能够反映每个 DMU 绩效的稳定性，因而能更好地对 DMU 的真实绩效进行评价。假设，要考察 n 个 DMU 在 k 个时期的情况，那么视窗的个数为 $w = k - p + 1$，其中，p 为视窗的长度，对于 p 的选择，本书主要遵循 D. B. Sun（1988）的研究，运用以下公式：

$$p = \begin{cases} \frac{k+1}{2} & k \text{ 为奇数} \\ \frac{k+1}{2} \pm \frac{1}{2} & k \text{ 为偶数} \end{cases} \tag{5-5}$$

而每个视窗拥有 DMU 的个数为 $np/2$，总共具有"不同的"DMU 的个数为 npw。

5.2 变量与样本数据

5.2.1 投入产出指标体系设计

创新绩效是一个复杂概念，具有诸多标准，大量研究都是采用多变量模型对其进行度量（Matei M, 2010; Pan T W 等, 2010; Yi Hsu, 2011; 陈凯华和官建成, 2011; 白俊红, 2011）。从系统的角度来看，一个国家的创新活动涉及的主要是各种资源投入转换为产出这样一种直观现象。产出是一个能被具体测度的指标，表明国家已经达到其目的。本书使用生产方法来设计绩效模型，该模型包括跨国家创新系统，并把国家创新系统的组成要素分成两组：投入和产出。

与任何其他经济部门一样，一国创新系统当前和未来发展的基本投入要素是劳动和资本（Nasierowski 和 Arcelus, 2003）。创新投入的直接指标包含创新经费的投入和人力资源的投入，创新经费的投入常常采用 R&D（研究与试验发展）经费支出指标（CIS, Frascati Manual）加以研究。持续的金融资源投资和从国外获取的技术来源都是技术成功开发的关键，比如国外直接投资（Hu 和 Mathews, 2005）以及商品和商业服务进口（Shyu 等, 2001; Nasierowski 和 Arcelus, 2003）都是国家创新系统的重要促进因素。一方面，外国直接投资、风险资本供给如海外股市的直接投资都是获取国外资本的重要途径，都对东道国创新能力存在溢出效应（spilling – over effects）（张小济和隆国强, 2011），无疑将有助于一国国家创新系统的发展；另一方面，后工业时代也是服务业的时代，在发达国家服务业的作用已经取代了工业。服务业的产值迅速增长，特别是那些知识密集型服务业，在世界工业发展进程中继续发挥引领作用。

研发的人力资本包括研发人员（Hemmert, 2004; Wang 和 Huang, 2007）、公共支出中教育总支出（Shyu 等, 2001; Nasierowski 和 Arcelus, 2003; Hu 和 Mathews, 2005）。人力资本是一个国家经济和技术发展的最重要的资产之一。训练有素和熟练的工程师、努力工作的意愿、专业技能、管理风格以及综合能力能够成就一个充满活动和富有冒险精神的创业型企业。此外，科技教育在工业发展进程中起到了先锋作用，而且对于提高国家竞争力也发挥了举足轻重的作用。在新经济时代，为了保持可持续发展，科技教育需要促进持续创新，继续协助产业升级。因此，创新人力资源投入通常采用 R&D 人员投入指标和教育经费支出指标来进行测度。

产出代表了使用投入资源的熟练程度。被公认为能够代表研发的最终成果的产出有以下 3 种：授予国内居民专利数目、本国居民国外获得专利数目（Niosi，2002；Nasierowski 和 Arcelus，2003；Hu 和 Mathews，2005；Wang 和 Huang，2007）和科学论文（Nasierowski 和 Arcelus，1999；Niosi，2002；Wang 和 Huang，2007）。然而，在国家创新系统中，创新投入的转化不仅仅体现在专利和科学论文类的研发成果上，最为关键的是体现在创新成果产业化上，即研发成果的市场表现。本书借鉴官建成和陈凯华（2011，2012）的研究思路，将创新过程视为一个共享投入型关联两阶段生产过程。第一阶段的创新成果为技术产出，专利数可以比较好地度量这一阶段的科技实力（Prencipe，1997）、专利活动的规模及水平，显示出一个行业的创新潜能，反映出其一定的创新能力（刘伟，2011）。因此，将专利作为创新技术产出的度量受到了普遍认可。为了在统一尺度上对专利进行国际比较，很多研究都采用"三方专利"（一国在欧洲专利局、日本特许厅和美国专利商标局同时申请了的专利总数）这一指标来衡量创新的技术产出，避免了使用单一专利授权单位带来的本国优势以及各国专利估值不一致的缺陷；第二阶段为创新成果市场价值实现阶段，评价国家创新系统绩效不但要看科技成果的产出数量，更要关注科技成果产业化。一般来说，高新技术产业的表现可以大致反映出一个国家的创新能力，在全球化和知识经济的背景下，高技术产品出口额反映了一个国家在国际市场上技术商业化的能力。劳动生产率的提高涉及生产过程的累积改进，这种改进来源于创新活动创造的隐性知识（Carayannis 和 Alexander，2002），而隐性知识通常是嵌入人身上，相应的，应当采用劳动生产率来衡量创新活动所带来的生产力的变化（Youngbae Kim 和 Seongwook Ha，2011），可见全社会劳动生产率能体现出创新活动所带来的社会整体经济绩效。

综上所述，本书选择"研发支出、研发人员投入、外国直接投资总额、商品和商业服务进口金额、教育经费支出"五个指标来衡量创新投入，选择"三方专利授权量、高技术产品的出口占全部制造业出口的比例、全社会劳动生产率"3个指标来衡量创新产出,来测度国家创新系统的相对效率。由于创新过程的阶段性特征,从投入到产出有一定时间的时滞,大量的实证研究(如 Goto 和 Suzuki, 1998; Adams 和 Griliches, 2000; Furman, 2002; Guellec 等, 2004; 官建成, 2005; 白俊红, 2009; 张俊芳, 2012 等) 将此时滞设定为 2~3 年。本书在借鉴前人的研究成果的基础上,将科技产出的时滞设定为 2 年,将经济产出以及社会效益的时滞设定为 3 年。创新投入产出指标体系详细见表 5-2。

表 5-2　　　　　　　　　创新投入产出指标体系

测量类别	测量指标	指标定义	指标缩写	数据来源
创新投入	创新经费投入强度	在 t 年国内研发支出总额占 GDP 比重(%)	GERD	WB
	创新人员投入强度	在 t 年每百万人口中 R&D 研究人员数量(人)	HRRD	UIS
	教育经费投入强度	在 t 年教育公共开支总额占 GDP 比重(%)	EDU	UIS[①]
	外国直接投资	在 t 年外国直接投资净流入(十亿美元)	FDI	WB
	货物和服务进口强度	在 t 年货物和服务进口总额占 GDP 比重(%)	IGCS	WB
创新产出	三方专利产出强度	在 t+2 年每百万人中三方专利数(件/百万人)	TPF	OECD[②]
	高技术产出出口额	在 t+3 年高科技出口占制成品出口的比重(%)	HTME	WB
	社会劳动生产率	在 t+3 年单位劳动力 GDP(千美元/人)	LP	WB[③]

注:①其中,中国的这一数据是根据《中国统计年鉴2012》中"国家财政性教育经费/GDP"计算得到;②此数据均根据数据库中三方专利族和人口数整理计算得到。其中,阿根廷在 OECD 数据库中没有统计,采用世界银行数据库中数据进行补充;③根据 GDP、劳动力总数的数据整理计算得到。

5.2.2　样本和资料来源

当今世界,二十国集团(G20)作为发达国家和新兴市场国家进行国际对话与合作的重要平台，正发挥着越来越重要的作用。据统计，它拥有全球65%的人口，国内生产总值占全球90%，贸易占全球的80%，在国际货币基金组织和世界银行所占股权份额约65%，可以说，G20在全球经济中占据举足轻重的地位。二十国集团的国家和地区涵盖了世界主要创新型国家以及具有重要影响力的新兴市场国家和金砖国家，因此本研究拟选择除欧盟以外的二十国集团的其他19个国家作为研究样本，能够明确中国在全球创新体系中所处的位置，从而正确评价我国创新系统的绩效。但由于DEA对数据敏感性较强，查阅各种数据来源都无法搜集到沙特阿拉伯R&D研究人员指标数据，故将其从样本中剔除，本书最终选择除欧盟、沙特阿拉伯以外G20的其他18个国家作为研究样本。本章依次选取2000—2009年的数据作为投入指标的数据，2002—2011年数据测量创新绩效科技效益维度的技术产出，2003—2012年数据测量创新绩效经济效益和社会效益维度的经济产出。数据主要来源于世界银行（WB）数据库（http：//data.worldbank.org.cn/indicator#topic-14）、OECD数据库（http：//stats.oecd.org/）和UIS数据库（http：//data.uis.unesco.org/）。

5.2.3 样本描述性统计

1. 创新投入活动描述性统计分析

（1）从R&D经费投入强度（R&D经费占GDP百分比，见图5-2）统计中可以看到：整体而言，发达国家研发经费投入平均强度都处于2%以上，从2000年的2.11%小幅上升至2009年的2.5%。其中，截止到2008年，日本研发投入强度一直处于领先水平，从2000年的3%上升到2008年的3.47%，2009年，韩国研发经费投入强度赶超日本，成为发达国家中研发经费投入强度最大的国家。韩国研发经费投入强度由2000年的2.3%上升到2009年的3.56%，增幅达到54.78%。其次是意大利，虽然其研发投入强度增幅达到21.15，但各年度都处于发达国家中最低水平，基本接近发达国家均值的1/2。

对于金砖国家和其他新兴市场国家而言，研发经费投入平均强度普遍偏低，虽然整体有所提升，但增幅很小，尤其是其他新兴市场国家，到2008年才达到0.55%。其中，中国的研发投入强度增幅最大，由2000年的0.9%增加到2009年的1.7%，于2002年首次超过1%，开始高于金砖国家的均值水

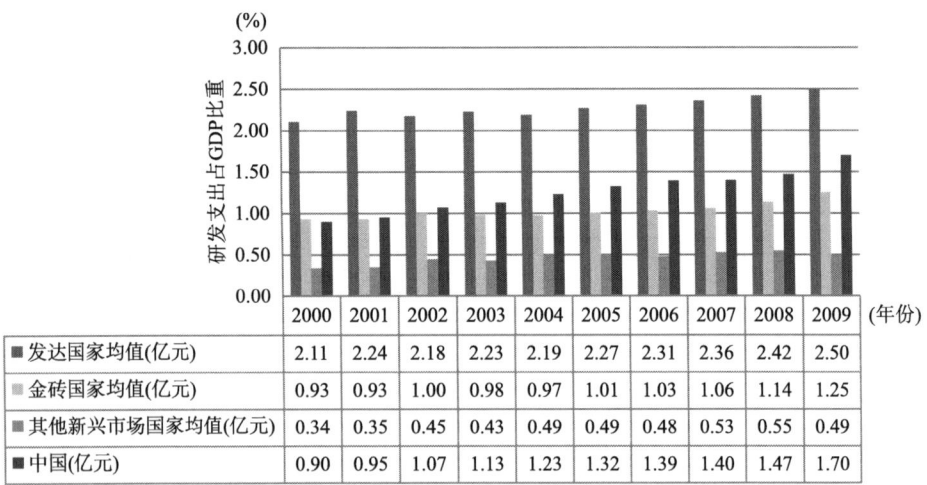

图 5-2　R&D 经费投入强度

平,并于 2004 年超过俄罗斯,成为新兴市场国家中研发投入强度最大的国家。其次是俄罗斯、巴西、南非、印度、土耳其。印度尼西亚研发经费投入强度处于新兴市场国家中最低水平。

(2) 从 R&D 人员投入强度(按每百万人口中 R&D 研究人员数计算,见图 5-3)统计中可以看到:整体而言,基本上发达国家研发人员投入平均强度为每百万人 3200 人以上,从 2000 年的每百万人中 3226.96 人上升至 2009 年的 3987.77 人,增幅达 23.58%。其中,日本处于研发人员投入领先国家,一直保持在每百万人 5000 人以上。意大利研发人员投入强度虽然增长迅速,但各年度都处于最低水平,每百万人中不足 1700 人。韩国研发人员投入强度增长最为显著,增幅最大,由 2000 年的每百万人 2357.04 人上升到 2009 年的 5067.52 人,增幅达 115%。其次是英国,研发人员投入强度从 2000 年每百万人 2893.13 人增加到 2009 年的 4151.07 人,增幅达到 43.48%,紧跟其后的是法国和加拿大,增幅分别为 28.24% 和 23.5%。

对于金砖国家和其他新兴市场国家而言,研发人员投入强度与发达国家相比,差距较大,金砖国家研发人员投入平均强度都在每百万人 1000 人以上,而其他新兴市场国家每百万人不足 1000 人,虽整体呈增长趋势,但增长缓慢。在新兴市场国家里,俄罗斯最为重视研发人员投入,各年度都在每百万人 3000 人以上,但整体呈递减趋势,从 2000 年的每百万人 3450.6 人减至 2009

第 5 章　国家创新系统绩效的测度及分析　83

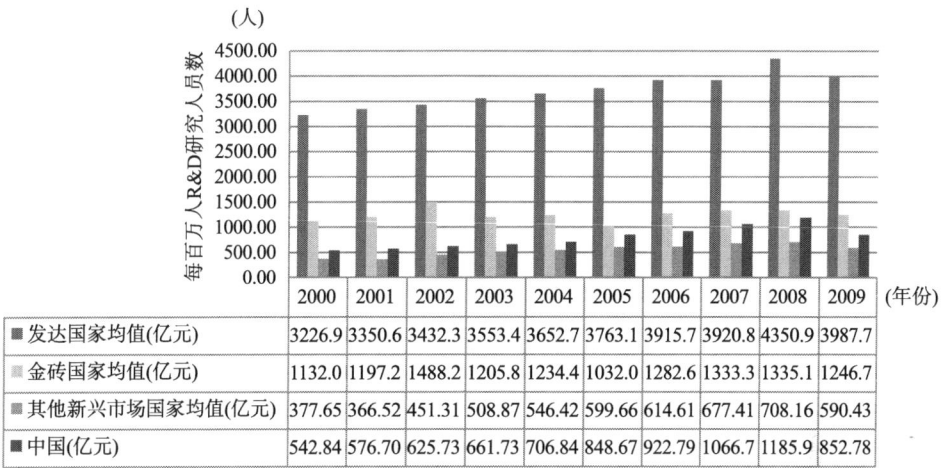

图 5-3　R&D 研究人员投入强度

年的 3077.9 人。土耳其研发人员投入强度增长最快、增幅最大,从 2000 年的每百万人 365.38 人上升到 2009 年的 810.75 人,增幅达到 121.89%,紧随其后的是墨西哥和巴西,研发人员投入强度增幅分别为 72.49% 和 57.61%。印度尼西亚研发人员投入强度呈现递减的趋势。中国也越来越重视研发人员的投入,2007 年、2008 年研发人员投入强度调整到每百万人 1000 人以上,但在 2009 年又回落到每百万人 1000 人以下。

(3) 从教育经费投入强度 (教育公共开支总额占 GDP 百分比,见图 5-4) 统计中可以看到:整体而言,发达国家的教育经费投入平均强度处于 4.7% 以上,比较稳定,略微有所提升,增幅为 8.79%。其中,法国的教育经费投入强度一直处于领先水平,各年度都保持在 5.6% 以上。加拿大、日本和美国教育经费投入强度整体趋势递减。英国教育经费投入强度增幅最大,从 2000 年的 4.47% 上升到 2009 年的 5.52%,增幅达到 23.49%,韩国居次位,增幅达到 22.57%。各年度日本的教育经费投入强度处于最低水平,整体趋势变化不大,围绕 3.5% 调整。

对于金砖国家和其他新兴市场国家而言,教育经费投入评价强度略低于发达国家,但增幅迅猛,尤其在 2007 年及以后,大大缩小了与发达国家之间的差距。金砖国家的教育经费投入平均强度从 2000 年的 3.87% 上升到 2009 年的 4.85%,其他新兴市场国家的教育经费投入平均强度从 2000 年的 3.76% 上升到 2009 年的 4.92%。新世纪以来,新兴市场国家越来越重视教育经费投入,

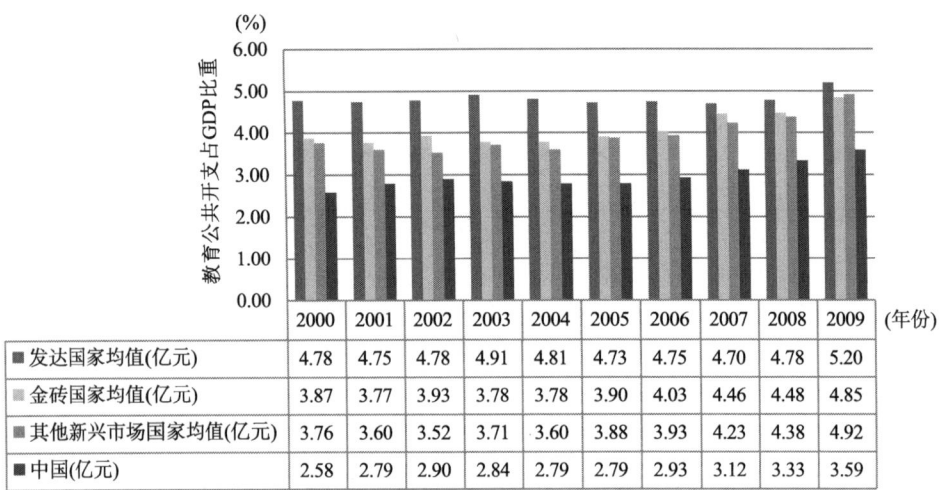

图 5-4 教育经费投入强度

南非教育经费投入强度虽然整体趋势递减，但每年都处于5%以上，领先于发达国家教育经费投入平均水平；阿根廷教育经费投入强度在2009年突破了6%，成为G20中教育经费投入强度最大的国家。巴西教育经费投入强度增幅最大，从2000年的4.01%上升到2009年的5.62%，增幅达到40.15%，紧随其后的是中国和阿根廷，增幅分别为39.15%和31.09%。虽然中国的教育经费投入强度整体呈上升趋势，但是严重偏低，截至2009年，中国教育经费投入强度还未实现4%的国际标准。

（4）从外国直接投资（外国直接投资净流入的现价亿美元，见图5-5）统计中可以看到：整体而言，发达国家的外国直接投资净流入平均水平呈现单峰型的变动趋势，波动幅度较大，在2003年达到229.88亿美元的低谷后，迅速升至2007年的1036.14亿美元的峰值，之后受金融危机影响，猛烈减少至2009年的37.76亿美元的最低值。其中，美国的外国直接投资净流入各年度都遥遥领先于其他的发达国家。金融危机以前，澳大利亚外国直接投资净流入增幅最大，从2000年到2007年增长了2.33倍。德国的外国直接投资净流入减少的幅度最大，从2000年的2100.85亿美元迅速减少至2007年的288.6亿美元，减幅达到86.26%。

对于金砖国家和其他新兴市场国家而言，2008年是一个分界点，此前呈现新兴市场国家的外国直接投资净流入平均水平呈现平稳增长态势，金砖国家

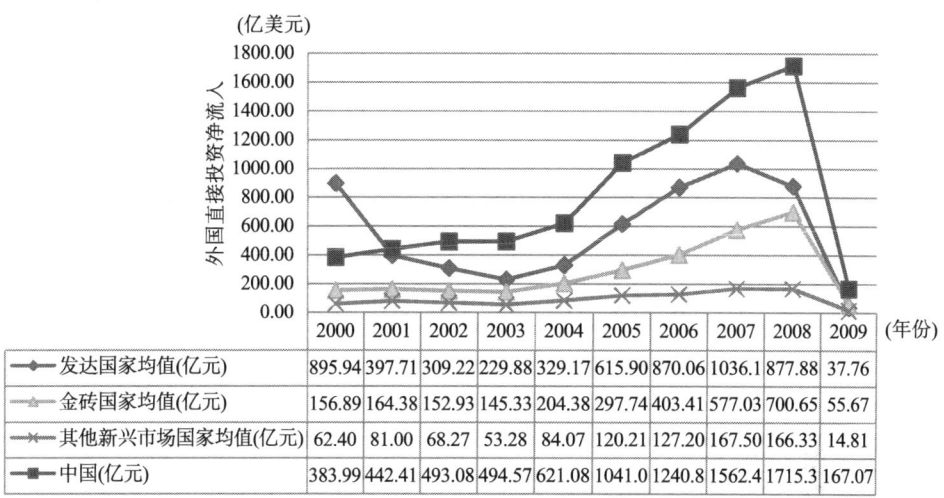

图 5-5 外国直接投资净流入

的平均水平增长更为迅猛,由 2000 年 156.89 亿美元上升至 2008 年的 700.65 亿美元,增长了 3.47 倍。其中,俄罗斯外国直接投资净流入增长最为显著,从 2000 年的 27.14 亿美元上升至 2008 年的 747.83 亿美元,增长了 26.55 倍。中国的外国直接投资净流入水平虽然不是增长最为迅速的国家,但各年度都处于新兴市场国家中的最高水平,从 2000 年的 383.99 亿美元增长到 2008 年的 1715.35 亿美元,自 2001 年以来,中国的外国直接投资净流入领先于发达国家的平均水平。

(5)从货物和服务进口强度(货物和服务进口总额占 GDP 百分比,见图 5-6)统计中可以看到:整体而言,发达国家的货物和服务进口平均强度整体上升幅度缓慢,从 2000 年的 25.87% 上升至 2009 年的 26.47%。2004 年以前,加拿大的货物和服务进口强度处于领先水平。韩国和德国的货物和服务进口强度增长迅猛,2005—2007 年德国处于最高水平。韩国的货物和服务进口强度从 2000 年的 32.94% 上升至 2009 年的 42.86%,增幅达到 30.12%,并在 2008 年赶超了德国成为货物和服务进口强度最高水平的国家。虽然日本的货物和服务进口强度增幅最大,但各年度都处于最低水平。加拿大、法国、意大利和美国的货物和服务进口强度呈递减趋势。

对于金砖国家和其他新兴市场国家而言,金砖国家的货物和服务进口平均强度从 2000 年的 19.05% 平稳上升至 2008 年的 26.08%,到 2009 年降至 21.51%。

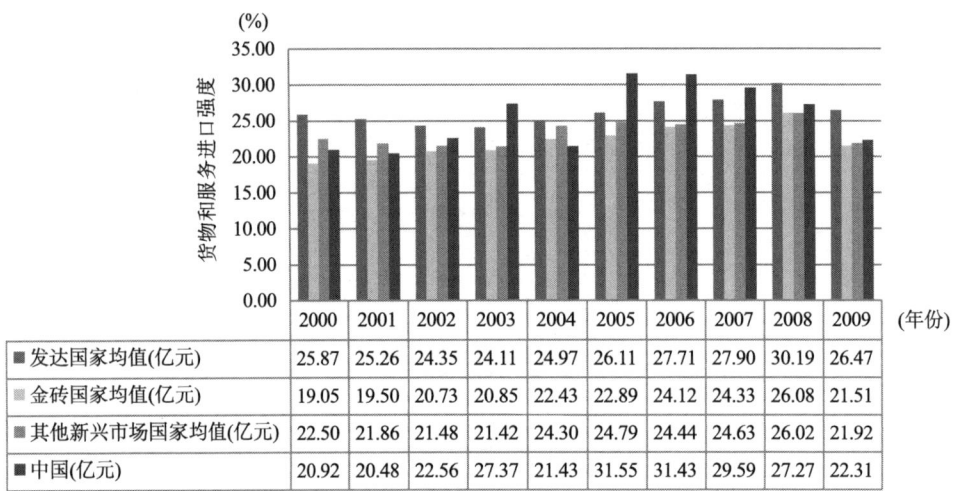

图 5-6 货物和服务进口强度

其他新兴市场国家的货物和服务进口平均强度接近发达国家的平均水平。印度货物和服务进口强度增长最为迅速，由 2000 年的 13.66% 上升至 2009 年的 25.43%，增幅达到 86.16%。巴西、俄罗斯和印度尼西亚的货物和服务进口强度整体趋势递减，各年度巴西的货物和服务进口强度基本处于最低水平。中国的货物和服务进口强度呈倒 U 型，从 2000 年的 20.92% 迅速上升至 2005 年的 31.55%，然后又迅速回落到 2009 年的 22.31% 增幅达到 57.94%，于 2003—2007 年领先于发达国家的平均水平。

2. 创新产出活动描述性统计分析

(1) 从三方专利产出强度（按每百万人三方专利件数计算，见图 5-7）统计中可以看到：整体而言，发达国家的三方专利产出平均强度处于 35 件/百万人以上，整体呈递减趋势，从 2002 年的 37.88 件/百万人略减至 2011 年的 36.62 件/百万人。其中，日本的三方专利产出强度各年度都处于领先水平，除了 2008、2009 年，其余年份均高于 100 件/百万人。其次是德国和美国，这些国家的三方专利产出强度有较大幅度减少。意大利的三方专利产出强度各年度都处于最低水平，同时也基本处于平稳态势，围绕 10 件/百万人左右调整。韩国三方专利产出强度相对来说，增长迅猛，从 2002 年的 24.82 件/百万人上升至 2011 年的 34.33 件/百万人，增幅为 38.32%。

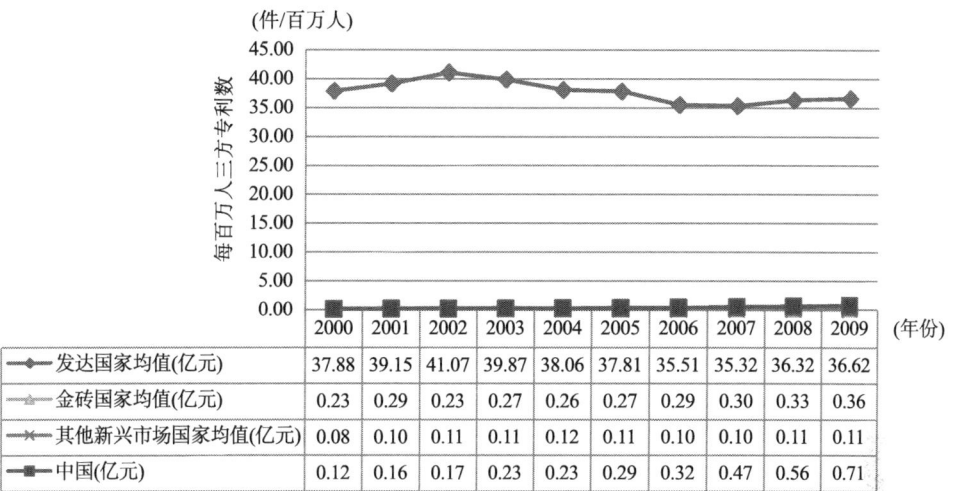

图 5-7 三方专利产出强度

对于金砖国家和其他新兴市场国家而言,三方专利产出平均强度明显非常低,都不足 0.5 件/百万人,并且增长缓慢。其中,中国的三方专利产出强度增长最为显著,从 2002 年的 0.12 件/百万人增加到 2011 年的 0.71 件/百万人,增长了 4.92 倍,并于 2009 年首次超过南非,成为新兴市场国家中三方专利产出强度最大的国家。印度尼西亚的三方专利产出强度各年度处于最低水平,巴西、俄罗斯、阿根廷和墨西哥的三方专利产出强度整体呈递减趋势。

(2)从高技术产出出口额(高科技出口占制成品出口的百分比,见图 5-8)统计中可以看到:整体而言,发达国家的平均高科技出口占制成品出口比重整体呈递减趋势,从 2003 年的 20.66% 下降至 2012 年的 17.4%,减幅为 7.01%。法国是所有发达国家中唯一一个高科技出口制成品出口比重呈递增趋势的国家,从 2003 年的 19.72% 上升至 2012 年的 25.41%,增幅达到 28.85%。而减幅最为显著的是美国,从 2003 年的 30.82% 减少至 2012 年的 17.83%,减幅达到 42.15%。其中,韩国的高科技出口最为强劲,除 2006 年外,其高科技出口占制成品出口比重在其他年份都处于领先水平;意大利的高科技出口占制成品出口比重各年度处于最低水平,不足 10%。

对于金砖国家和其他新兴市场国家而言,高科技出口占制成品出口比重平均水平与发达国家具有相同的趋势,下降幅度大于发达国家的平均水平。其

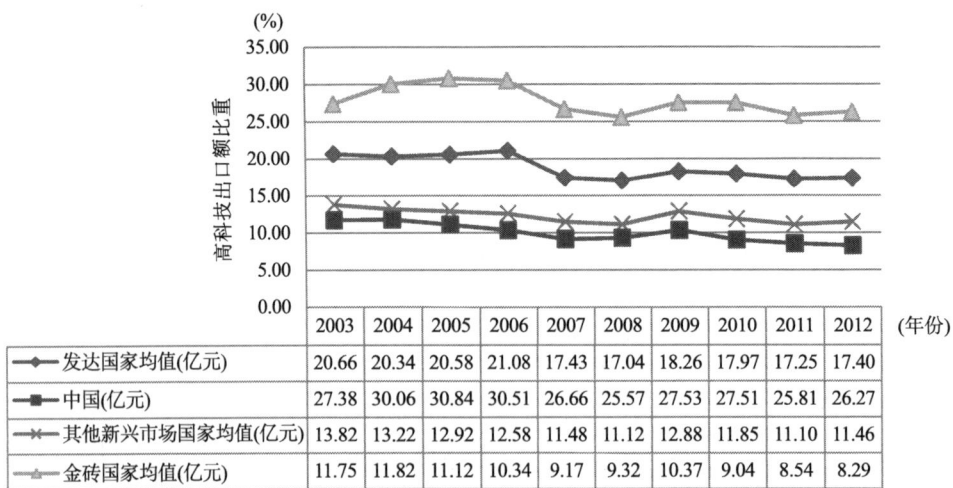

图 5-8 高科技出口占制成品出口比重

中,俄罗斯的高科技出口占制成品出口比重减幅最为显著,从 2003 年的 18.98% 减少至 2012 年的 8.38%,减幅达到 55.85%。在新兴市场国家中,只有印度和南非的高科技出口占制成品出口比重呈增长趋势,增幅分别为 11.43% 和 14.49%。中国虽然高科技出口占制成品出口比重整体略有降低,但在新兴市场国家中其高科技出口最为强劲,并且领先于发达国家的平均水平。其中,土耳其的高科技出口占制成品出口比重各年度处于最低水平,不足 2%,远低于平均水平。

(3) 从全社会劳动生产率水平(按单位劳动力的 GDP 计算,见图 5-9)统计中可以看到:整体而言,发达国家的全社会劳动生产率的平均水平从 2003 年的 57.03 美元上升至 2012 年的 86.92 美元,增幅达 52.41%。其中,澳大利亚的全社会劳动生产率增长最为显著,增幅最为迅猛,从 2003 年的 46.2 美元上升至 2012 年的 127.42 千美元,增幅达到 175.80%,并且于 2010 年超过美国,成为发达国家中全社会劳动生产率水平最高的国家。其次是加拿大和日本,全社会劳动生产率增幅较大,到 2011 年都达到了 90 美元以上。韩国全社会劳动生产率虽然增长比较明显,但各年度都处于最低水平,与其他的发达国家差距较大。

对于金砖国家和其他新兴市场国家而言,全社会劳动生产率的平均水平很低,但金砖国家平均水平增幅略为迅猛,从 2003 年的 5.05 美元上升至 2012

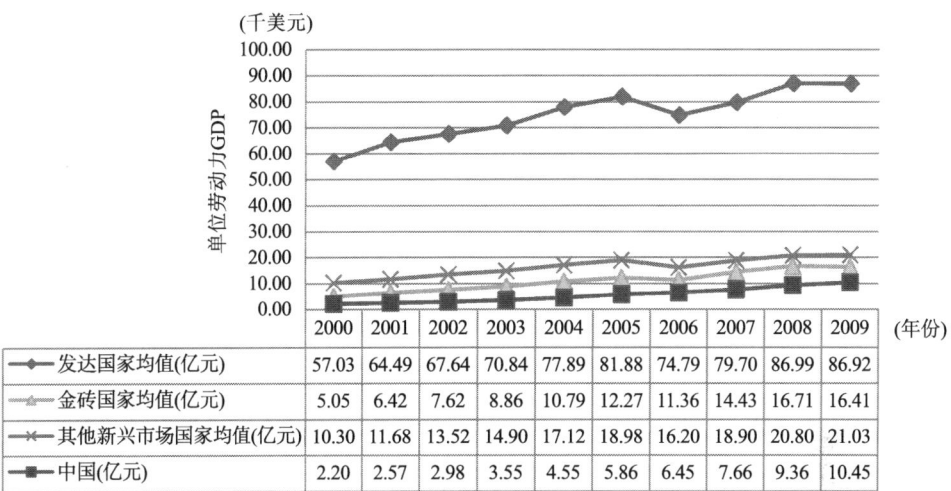

图 5-9 全社会劳动生产率

年的 16.41 美元，增幅达到 224.95%。其中，土耳其全社会劳动生产率除 2003 年，其余年份均处于领先水平，从 2003 年的 13.83 美元上升至 2012 年的 29.18 美元，增幅达到 110.99%。全社会劳动生产率增长幅度最为显著的中国，从 2003 年的 2.2 美元上升至 2012 年的 10.45 美元，增长了 4.75 倍。印度全社会劳动生产率虽然也实现了 1.74 倍的增长，但各年度都处于较低水平。

整体而言，在近十年的发展历程中，除外商直接投资以外，各国创新投入水平均基本上处于增长态势，其中，新兴市场国家对 R&D 经费和人员是专利产的投入水平远远低于发达国家。相对于创新投入而言，新兴市场国家的创新产出，尤其是专利产出和全社会劳动生产率水平与发达国家的发展水平差距更为明显。此外，中国在世界主要国家中所处的地位，从创新投入来看：中国对 R&D 人员和教育经费的投入处于较为落后的国家行列，而对于外国直接投资以及货物和服务进口而言，处于领先的国家行列。从创新产出来看：中国的专利产出和全社会劳动生产率处于较为落后的国家行列，高科技出口处于领先的国家行列。

5.3 实证结果分析

本书使用 MaxDEA Pro6.2 软件测算各决策单元的超效率值。虽然本章选取 18 个国家 2000—2009 年截面数据,由于 DEA 对数据非常敏感,因此,研究中剔除了缺失样本值,有效样本数为 133 个。G20 中 18 个国家和地区创新绩效评价结果见附表 A 所示,表 5-3 显示了这些国家和地区各年度绩效得分的平均值,体现出这些国家和地区国家创新系统绩效的总体情况。

表 5-3　　国家创新体系 Supper-Efficeincy Window 分析

年份 国家	2000	2001	2002	2003	2004	2005	2006	2007	2008	2009
澳大利亚	0.3823	—	—	—	—	0.313	—	1.0756	—	
加拿大	0.2779	0.2707	0.3412	—	0.413	—	0.3973	0.5003	1.0380	
德国	—	—	—	—	1.0202	0.7465	0.7848	0.9514	1.0067	
法国	0.5920	0.6457	0.6631	0.7216	1.0073	1.0198	0.8955	0.9402	1.0337	1.1538
英国	0.6692	0.7197	0.8495	1.1096	1.0104	0.6532	0.6012	0.6211	0.6879	1.0574
意大利	0.7955	0.8651	0.8920	0.9188	1.0376	1.0415	0.7444	0.7011	—	1.1409
日本	1.0162	1.0838	1.0396	0.9939	0.8831	1.0437	1.4251	0.9381	1.0663	—
韩国	—	1.0073	1.0594	1.0279	0.7885	0.7066	0.7201	1.0231	0.5122	0.5202
美国	—	1.0039	1.0128	1.0664	1.0153	1.0331	0.7438	0.8263	—	—
巴西	1.0152	0.3167	1.0511	—	1.0172	1.0303	1.0285	1.0128	0.3235	1.1472
中国	1.0168	1.0364	1.0255	1.0294	0.6603	0.8153	0.5483	0.7030	0.2347	1.2025
印度	1.4077	—	—	—	—	1.2845	—	—	—	—
俄罗斯	0.0211	0.0175	0.0151	0.0175	0.0189	0.0216	0.0197	—	0.0224	—
南非	—	0.3867	—	1.0626	0.7236	0.2719	0.8242	0.2866	0.5830	1.0538
阿根廷	1.0008	1.0899	1.0197	1.1480	0.3647	—	0.5553	0.1049	0.5247	1.0809
印度尼西亚	—	3.8253	—	—	—	—	—	—	—	3.1883
墨西哥	1.1021	1.0568	0.7511	0.8604	0.6675	0.3558	1.0467	1.0159	1.0248	1.2480

续表

年份 国家	2000	2001	2002	2003	2004	2005	2006	2007	2008	2009
土耳其	1.0211	1.0082	1.1133	1.0429	1.0732	—	1.0187	—	—	—
均值	0.7937	0.9556	0.8333	0.9166	0.7898	0.7650	0.7487	0.7196	0.6570	1.2365
发达国家均值	0.6222	0.7995	0.8368	0.9730	0.9570	0.8664	0.7737	0.7790	0.8325	0.9862
金砖国家均值	0.8652	0.4393	0.6972	0.7032	0.6050	0.6847	0.6052	0.6675	0.2909	1.1345
其他新兴市场国家均值	1.0413	1.7451	0.9614	1.0171	0.7018	0.3558	0.8736	0.5604	0.7748	1.8391

注：表中数值大于1，说明该决策单元的国家创新系统在该视窗内表现为 DEA 有效；表中数值等于1，说明该决策单元的国家创新系统在该视窗内表现为弱 DEA 有效；表中数值小于1，说明该决策单元的国家创新系统在该视窗内表现为 DEA 无效。

总体而言，G20 国家创新系统普遍没有实现最优效率。2003 年以前，其他新兴市场国家处于领先水平，到了 2003 年以后基本是发达国家处于领先水平。从列视图来看，各年度在不同视窗内，发达国家的绩效得分比新兴市场国家的绩效得分具有更好的稳定性。由统计均值可以看出，国家创新系统绩效平均水平都呈增长态势，其他新兴市场国家的增长最为显著，但波动幅度较大。

发达国家中，日本的创新系统绩效得分最高，大部分年份的绩效值都超过了1，实现了 DEA 有效。各年度绩效得分波动不大，说明日本的国家创新系统绩效具有较强的稳定性。其次是美国，美国的国家创新系统绩效在 2005 年之后有所下降，从列视图来看，各年度的得分相差不大，表现出很强的稳定性。法国和意大利的国家创新系统绩效具有相同的变化趋势，从 2000 年稳步增长到 2005 年，之后出现短暂的下降趋势，2007 年以后持续增长到另一新的高度。从列视图来看，法国和意大利各年度的绩效得分具有稳定性。虽然加拿大的国家创新系统绩效水平最低，然而，其绩效改善最为明显。加拿大的国家创新系统绩效得分从 2000 年的 0.2779 稳步增长到 2008 年的 0.5003，继而迅猛增长到 2009 年的 1.038，增长了 1.74 倍，实现了由 DEA 无效到 DEA 有效的转变。另外，韩国是唯一一个国家创新系统绩效得分呈现下降趋势（由 DEA 有效退化为 DEA 无效）的国家，其绩效得分从 2001 年的 1.0073 下降到 2009 年的 0.5202。

对于大多数新兴市场国家而言，2000 年到 2003 年的国家创新系统绩效优于 2004 年到 2008 年，尤其是金砖国家的国家创新系统绩效平均得分在 2008

年还不到0.3。金砖国家中,俄罗斯的国家创新系统绩效得分最低,仅仅处于0.01~0.02之间,从列视图来看,各年度在不同视窗内的绩效得分波动很小,表现出较强的稳定性。相比之下,不同视窗中,巴西、中国和南非在相同年度的国家创新系统绩效得分波动幅度较大,表示不同的参考集之间存在较大差别,稳定性较差。其中,南非的国家创新系统绩效增长幅度最大,从2001年的0.3867增长到2009年的1.0538,增长了0.73倍,同样实现了由DEA无效到DEA有效的转变。

对于其他新兴市场国家而言,在仅能将数据收集全的2001年和2009年两个年度,印度尼西亚的国家创新系统绩效得分超过了3,这可能是本研究运用的是无导向(既非投入导向又非产出导向)的方法所导致,因为相比其他国家来说,印度尼西亚的创新投入非常少。土耳其的国家创新系统绩效得分基本上超过了1,从列视图来看,得分具有稳定性。而阿根廷和墨西哥同一年度在不同视窗内的绩效得分波动幅度较大,具有较差的稳定性。

对于我国而言,国家创新系统绩效水平在波动中整体略呈上升趋势,从2000年的1.0168上升至2009年的最高水平1.2025;其中,最低水平出现在2008年,绩效得分仅为0.2347。从列视图可以看到,2004年以前,我国国家创新系统绩效得分波动不大,均为DEA有效(效率值均大于1),但2004年到2008年这5年间,我国国家创新系统均表现为DEA无效(效率值均小于1),继而到2009年,我国国家创新系统重现实现DEA有效,这表明2004年以前绩效水平比较稳定,之后的绩效水平不具有稳定性。另外,恰好在2004年及以后,我国的国家创新系统绩效得分开始低于G20以及发达国家的平均水平。这说明相比于G20中的国家和地区的创新系统绩效,2004年以前,我国处于较高的水平,2004年及以后,被很多其他国家赶超,跌落到了较低水平国家行列之中。

影响国家创新系统绩效的因素有很多,其中创新政策是众多重要影响因素之一。对于G20国集团中隶属于欧盟的国家,可以将其创新政策放入到欧盟创新政策体系中来展开分析。早在20世纪中叶欧洲各国就开始纷纷制定以提升国家科技实力和国际竞争力为主要内容的创新政策。到21世纪,这些创新政策已经发展得较为成熟和完整。具体来说,在政策领域进行的思维范式转换,创新政策领域不仅仅局限于研发与创新政策领域。近来欧盟各国的创新政策文件中呈现出5大类主题:(1)努力增加技术人才的数量,拓展此类人才

第5章　国家创新系统绩效的测度及分析

的能力；(2) 欧盟结构基金 (the Structural Funds) 的资助；(3) 通过激励私人企业向研发投入更多的资金，尤其是更为一般意义上的创新形式，提高创新活动的整体强度；(4) 重视规则、公共采购和其他商业环境因素的作用，这些商业环境因素对成员国创新系统绩效产生影响；(5) 为增加联系从而改善创新系统的绩效，基于计划的合作模式（通过增加利益相关者之间的合作）可以消除创新障碍，并为创新增加动力。2003—2004 年，欧洲创新政策报告检测的 33 个国家，大约有 126 项措施被实施或进行了重大修改。各类措施尤其关照技术型创业公司，以及加强研究与企业之间的相互合作[1]。在 2005 年，欧盟范围内共有 53 项新的措施被收入到欧洲创新趋势图表项目的政策措施数据库中[2]。核心议题是支持新的或现有的创新型中小型企业。另外，有接近 40% 的政策措施旨在培育欧盟的创新友好型环境。另外，集群政策在提升欧洲国家创新系统绩效上起到了非常重要的作用。政府在集群政策中起到的作用仅仅是促进区域集群政策的发展，而不是对集群的运行施加直接的影响，主要表现在以下四个领域：第一，对个体企业的财政支持项目；第二，对基础设施的支持，包括物质和知识方面的基础设施；第三，对教育、培训和研究项目的支持；第四，建设合作网络。总的来说，目前欧盟创新政策体系主要包括科技框架计划、财政资助计划、集群政策、中小企业政策、知识产权政策、教育与培训政策，科技框架计划促进研发能力较强的科研机构和大型企业实现突破性创新、中小企业政策鼓励中小企业的扩散性创新、教育与培训政策和知识产权政策保证创新能力、集群政策提升了区域创新能力并且整合创新资源的方向，这些政策组合措施对欧洲国家创新系统绩效的提升产生了举足轻重的作用。

　　美国高效的国家创新体系，很大程度上是由于立法和科技创新政策在制度上提供保障。美国政府在国家创新体系中一直定位明确，主要表现在以下六个方面：(1) 高度重视对研究开发的组织、领导和协调；(2) 重视对研究开发经费的直接支持；(3) 重视对创新基础设施建设的投入；(4) 重视创造和维护有利于创新的环境；(5) 通过国家科技大型发展计划促进企业、联邦研究机构和大学之间的合作与互动[3]；(6) 高度重视培养和吸引创新型人才。另外，美国政府和国会颁布了许多与创新有关的法律和计划，保障了创新政策执

---

[1] 赵中建：《欧洲创新潮：欧洲国家创新政策进展》[M]，华东师范大学出版社，2012。
[2] 赵中建、王志强：《欧洲国家创新政策热点问题研究》[M]，华东师范大学出版社，2012。
[3] 方玉梅、魏晓文：《科技创新与中国特色社会主义制度研究》[M]，人民出版社，2012。

行力度。美国在颁布法律方法，将科技与教育、创新与教育视为一个问题的两个方面（周寄中，2010），不仅提高了创新主体的创新能力，还完备地优化了创新环境。不但美国如此，日本、韩国也都建立了高强度的研发投入体系和教育支撑体系。这些国家能在短期内实现创新的跨越式发展，很大程度上得益于其稳步增长的财政科技投入机制。不仅仅重视对科技、自主创新的财政投入，更为重要的是不断增加财政对教育的投入。另一方面，这些国家通过重点支持科技基础设施、关键性通用技术研究等，实现了科技实力的突飞猛进。

正是由于这些国家加强对科技研发和科技创新以及教育的投入，不断增加科技、教育投入占政府财政支出的比例，加大对自主创新的财政投入，逐步建立起了稳步增长的财政科技投入机制，重点支持关键性通用技术研究、科技基础设施、公共创新平台等，使得他们在短时期内实现了科技创新的跨越式发展（方玉梅和魏晓文，2012）。

与这些创新型国家相比，我国的创新政策对国家创新系统的绩效到底产生了什么样的影响呢？有待进行更深入、更细致的实证研究。

第6章
创新政策影响国家创新系统绩效的实证分析
——基于中国省际面板数据模型的研究

目前,具有中国特色的创新政策体系框架已经初步形成,一些政策措施表明了中国政府加大科学与技术投入和构建完善高效国家创新体系的决心。第4章对我国创新政策内容进行了梳理,并做了7个维度的归纳。第5章考察了我国创新系统绩效在全球范围内的相对水平,相应的,初步探讨了创新政策方面的原因。那么,创新政策体系中的各项政策工具对我国创新系统绩效有何影响?哪类政策工具的政策效果更加明显?这些问题都需要通过实证分析来解决。基于地区之间固有的差异,地方政府对于各种创新政策工具的使用频率会与中央有所不同,但是地方创新政策大部分都是以中央创新政策为基础,根据实际情况进行完善,可以说地方政策与中央政策保持了逻辑上的一致。因此,本章立足于我国省际面板数据,利用计量方法分析来检验我国创新政策体系对我国创新系统绩效的影响。

6.1 研究方法的选取

检验影响创新系统绩效的政策因素及其影响程度的经典方法是将创新系统绩效的指标变量与政策工具的执行变量进行回归分析。基于计量回归分析方法的因变量只能有一个，本研究拟打算采用两步法来保持研究的全面性。第一步采用超效率 DEA 分析（分析方法与第 5 章相同）得出每一个决策单元的效率值，第二步将此效率值作为因变量，用创新政策工具的执行变量作为自变量建立回归模型，从而分析各项创新政策因素对被解释变量的影响。在第二步中，首先要确定面板模型类型，根据估计参数时需附加约束条件的不同，Panel Data 模型一般分为以下三种类型：

变系数模型：

$$y_{it} = \alpha_i + \beta_i \cdot x_{it} + \varepsilon_{it}, i = 1, 2, \cdots, N; t = 1, 2, \cdots, T \qquad (6-1)$$

变截距模型：

$$y_{it} = \alpha_i + \beta \cdot x_{it} + \varepsilon_{it}, i = 1, 2, \cdots, N; t = 1, 2, \cdots, T \qquad (6-2)$$

混合模型：

$$y_{it} = \alpha + \beta \cdot x_{it} + \varepsilon_{it}, i = 1, 2, \cdots, N; t = 1, 2, \cdots, T \qquad (6-3)$$

变截距模型最为常见，该模型允许个体成员存在个体影响。考虑到中央创新政策兼顾全局和个体，不免更为宏观，地方政府会以中央创新政策为基础，从各自地区的实际情况来将其细化并进行补充和完善，从而形成了中央创新政策中的某些重点内容在各个地区较少的差异化，因此，本书选择建立面板数据形式的变截距模型。

变截距模型用截距项的差别来说明个体成员存在的个体影响，根据个体影响的不同形式，变截距模型又可分为固定效应模型和随机效应模型：

固定效应模型：

$$y_{it} = m + \beta \cdot x_{it} + \alpha_i^* + \varepsilon_{it}, i = 1, 2, \cdots, N; t = 1, 2, \cdots, T \qquad (6-4)$$

随机效应模型：

$$y_{it} = \alpha + \beta \cdot x_{it} + v_i + \varepsilon_{it}, i = 1, 2, \cdots, N; t = 1, 2, \cdots, T \qquad (6-5)$$

个体成员之间的差别在固定效应模型的回归结果中体现为截距项的不同，而随机效应模型则假定这种差别服从某一随机分布，用一个随机变量来表示。对于具体是运用固定效应模型还是随机效应模型，我们采用 Hausman 检验来进行判断。Hausman 检验的原假设 H_0 为"随机效应与解释变量相关"，备择假设 H_1 为"随机效应与解释变量不相关"。取显著性水平为 1%，若 χ^2 统计量大于临界值，或者 P 值小于 0.01，则拒绝原假设，采用固定效应模型；若 χ^2 统计量小于临界值，或者 P 值大于 0.01，则接受原假设，采用随机效应模型。

6.2 指标体系的构建

6.2.1 我国创新系统绩效的超 DEA 模型指标体系

由于国家自身的特殊性,在测度我国创新系统绩效选取具体指标时与全球面板略有不同,结合前人的主要研究成果,本章的创新投入产出指标主要包括以下两方面。

1. 创新投入指标设计

投入产出系统研究中最为基本的投入变量是资本和劳动力,对于创新系统而言,通常采用 R&D 经费支出和 R&D 人员投入两个变量来衡量创新活动的财力和人力投入指标。关于 R&D 人员投入,本章选用"R&D 人员全时当量"来衡量,该指标计算的是 R&D 全时人员(全年从事 R&D 活动累积工作时间占全部工作时间的 90% 及以上人员)工作量与非全时人员按实际工作时间折算的工作量之和。此外,外国直接投资和技术引进是获取外部知识和技术来源的重要渠道,通过溢出效应来提高当地的创新能力和创新绩效,本章拟采用"外国直接投资"、"大中型工业企业购买国内技术经费"和"大中型工业企业技术引进经费"这三个指标(参见陈凯华、寇明婷和官建成,2013)[①]来衡量外部技术来源对创新的影响。

2. 创新产出指标设计

专利和新产品销售收入是我国学者在衡量创新产出时最常选用的指标。专利在某种程度上是科技实力的一种度量,在我国,发明、实用新型和外观设计三种专利中,发明专利创新程度高,更能反映一个地区原始创新能力和科技综

---

① 陈凯华、寇明婷、官建成:"中国区域创新系统的功能状态检验——基于省域 2007—2011 年的面板数据"[J],《中国软科学》,2013 年第 4 期。

合实力（白俊红，2009），因此本章选用"发明专利申请授权数"来衡量创新的技术产出。"新产品销售收入"是一个实现了市场价值的指标，该指标几乎代表了所有技术创新投入要素或相关要素相互作用的最终结果①。此外，继续选用"劳动生产率"来衡量创新活动带来的社会整体经济绩效。

本章仍然将科技产出的时滞设定为2年，将经济产出以及社会效益的时滞设定为3年。我国国家创新系统绩效评价指标体系详见表6–1。

表6–1　　　　　　　　　创新投入产出指标体系

测量类别	测量指标	指标定义	指标缩写	数据来源
创新投入	创新经费投入强度	在t年各地区R&D经费占GDP比重（%）	RD	CSYST CSY
	创新人员投入	在t年R&D人员全时当量（人/年）	HRRD	CSYST
	外商直接投资	在t年实际利用外资总额（亿美元）	FDI	YCFERT CCY②
	企业购买国内技术经费	在t年各地区大中型工业企业购买国内技术经费支出（万元）	EPDT	CSYST
	企业引进技术经费	在t年各地区大中型工业企业引进技术经费支出（万元）	EAFT	CSYST
创新产出	专利产出	在t+2年发明专利申请授权数（件）	IDPG	CSYST
	新产品销售收入	在t+3年新产品销售收入占收入的比重（%）③	NPR	CSYST
	劳动生产率	在t+3年单位劳动力GDP（万元/人）④	LP	SY of Provinces

注：CSYST：《中国科技统计年鉴》；CSY：《中国统计年鉴》；YCFERT：《中国对外经济贸易年鉴》；CCY：《中国商务年鉴》；SY of Province：除西藏外的其他30个省、市、自治区的2012年统计年鉴。

---

① 刘伟：《中国技术创新的作用及其影响因素研究》[M]，东北财经大学出版社，2011。
② 2004年《中国对外经济贸易年鉴》更名为《中国商务年鉴》。
③ 根据《中国科技统计年鉴》，2006年以前此指标的测量值根据新产品销售收入与产品销售收入的比率计算得到，2006年以及以后年度根据新产品销售收入与主营业务收入的比率计算得到。
④ 根据GDP与从业人员的比率计算获得。

6.2.2 创新政策体系指标设计

1. 财税政策

借鉴范柏乃（2010）对自主创新财税政策的定义，本书将创新财税政策定义为国家为了运用财税政策鼓励创新而对某些财税政策进行修订以给予微观创新主体一定优惠的财税政策[①]。本节通过对《国家中长期科学和技术发展规划纲要（2006—2020年)》若干配套政策和实施细则的检索，认为创新政策的财税政策工具主要分为直接投入政策（又可叫作财政支出政策）工具和间接投入政策（又可叫作税收优惠政策）工具两类，直接投入政策工具主要包括财政科技拨款、政府研发投入、贴息和财政担保，间接投入政策工具主要包括税前列支、加速折旧、免税和税率优惠。财政科技拨款占财政支出的比重是衡量财政科技投入的一个重要指标（邓子基，2011），书中选择"财政科技拨款占财政总支出的比重"来反映财政支持对创新绩效的影响，记为 GOVF。

税收激励政策运用最频繁、最广泛的政策工具是所得税优惠，在我国涉及科技税收的税种中企业所得税占据主要地位，比例高达 42%[②]。根据许治（2006）的研究，间接投入政策工具的使用绝大部分是通过企业所得税来实现的，因此，本研究着重分析所得税激励效应对创新绩效的影响。目前，理论界一般采取三种指标来评估研发税收优惠政策的强度：R&D 税收抵扣的边际效率 METC（marginal effective tax credit）、B 指数（B - index）和 R&D 使用成本[③]。本研究借鉴戴晨和刘怡（2008）、王俊（2011）、聂颖和杨志安（2011）等人的研究，使用（1 - B）来衡量企业因税收优惠而节约的研发资本成本，记为 Tax。具体而言，B 指数的计算公式为：

$$B = ATC \div (1 - t)$$

其中，ATC（After - tax Cost）指的是 1 单位 R&D 的税后成本；t 是企业所得税税率。基于我国实行的是应税抵扣为主的税收体制，假设 v 为税前扣除率，此时 B 指数的计算公式为：

[①] 范柏乃：《面向自主创新的财税激励政策研究》[M]，科学出版社，2010。
[②] 肖虹：《公司研发投融资决策价值及创新激励政策影响》[M]，吉林大学出版社，2010。
[③] 王俊："我国政府 R&D 税收优惠强度的测算及影响效应检验"[J]，《科研管理》，2011 年第 9 期。

$$B = (1 - vt) \div (1 - t)$$

反映的是每单位 R&D 支出的实际税后成本,则 (1 - B) 就表示税收优惠而为企业每单位 R&D 支出所节约的研发资金。企业研发所得税优惠的具体金额就可以用 (1 - B) 乘以企业研发支出。书中使用的 B 指数来源于戴晨和刘怡 (2008)[①] 的测算值:原企业所得税法下我国大型企业的 (1 - B) 指数为 0.197,中型企业的 (1 - B) 指数为 0.1479。由于《中国科技统计年鉴》中统计的是大中型工业企业的 R&D 经费内部支出,故本书设定原企业所得税法下我国大中型工业企业的 (1 - B) 指数取上述数值的平均值,即为 0.1725;2008 年以后的新企业所得税法对一般型企业实行统一的税率,本书设定新企业所得税法下我国大中型工业企业的 (1 - B) 指数为 0.1333。

2. 金融政策

金融政策主要是通过信贷工具、资本市场、信用担保和风险投资等工具影响创新活动(张宏彦,2012),其中信贷始终是主要方式,其他方式虽然发展迅速,但范围或规模较小。虽然《规划纲要》和《配套政策》明确把风险投资作为支持创新的重要手段,但是,一方面我国风险投资发展缓慢,不仅资金量有限,而且融资渠道单一;另一方面,无法收集到各地区政府风险资本额的数据,因此,本书只考虑金融贷款对创新绩效的影响,借鉴潘雄锋、史晓辉和王蒙 (2012)[②] 的研究,本书选择"科技活动经费筹集额中金融机构贷款"作为创新金融政策工具的执行变量,记为 FIN。

3. 人力资本政策

人力资本政策内容范围覆盖较为广泛,我国采取了一系列措施来培养人才、吸引人才、用好人才,主要包括人才培养、人才引进、人才流动、人才激励、人才使用等方面的政策。考虑到数据的可获得性以及人才引进、人才流动、人才使用政策更适合于定性研究,因此本节着重考察人才培养政策对创新系统绩效的影响。对于人力资本的计量,概括来说,国内外学者采用的方法主

---

① 戴晨、刘怡:"税收优惠与财政补贴对企业 R&D 影响的比较分析"[J],《经济科学》,2008 年第 3 期。

② 潘雄锋、史晓辉、王蒙:"我国科技发展的财政金融政策效应研究——基于状态空间模型的变参数分析"[J],《科学学研究》,2012 年第 6 期。

要有未来收益法、累计成本法、教育存量法和劳动报酬法。教育作为人力资本构成的子集,一般认为教育投资和人力资本呈正相关关系,区域政府对教育的投资越多,区域内人力资本越丰富。相关的教育投资指标,国际上通常用"公共教育经费占GDP的比例"和"公共教育经费占公共财政支出的比例"这两个基本指标进行衡量。本书主要是考察政府对教育的政策倾向对创新的影响,因此选择各地区"财政教育支出占GDP的比例"作为人力资本政策工具的执行变量,记为HR。

4. 政府采购政策

政府采购虽然作为财政支出工具,但在我国创新型国家建设过程中,政府采购占有重要的位置。为支持自主创新,"十一五"规划建议首次将政府采购政策作为与财政政策、金融政策相并列的一项独立政策。自此,我国政府采购的规模迅速扩大,成为政府主导拉动创新的主要政策工具。借鉴艾冰、程晓红(2008)的研究,本书选择各地区"实际政府采购额"作为政府采购政策工具的执行变量,记为GP。

5. 知识产权保护政策

知识产权制度是各国综合权衡自身产业发展的即期与长期利益来制定的,依赖于一国经济发展状况[①]。国际上最具代表性的测度知识产权保护强度的方法是G—P指数,此指数是从司法角度对国家的知识产权制度进行评价,因而,该指数更适应于司法制度比较完善的发达国家。鉴于此,国内很多学者都对G—P指数进行了修正,如韩玉雄和李怀祖(2005)、许春明和单晓光(2008)、陈丽静(2012)等,他们提出,我国知识产权保护强度为知识产权保护立法强度与执法强度的乘积。借鉴前人的研究,本书选择各地区"知识产权保护强度"作为知识产权保护政策工具的执行变量,记为IPR。本研究使用的知识产权保护立法强度数据来源于许春明、单晓光(2008)[②]的研究,知识产权保护执法强度构建指标参考陈丽静(2012)[③]的研究,具体如表6-2所示。

[①] 王华:"更严厉的知识产权保护制度有利于技术创新吗?"[J],《经济研究》,2011年第2期。
[②] 许春明、单晓光:"中国知识产权保护强度指标体系的构建及验证"[J],《科学学研究》,2008年第4期。
[③] 陈丽静:《知识产权保护、技术创新与贸易结构优化》[D],2012。

表 6-2　　　　　陈丽静提出的"IP 执法力度"衡量指标

指　　标	度　　量	分　　　　　　　值	
司法保护水平	律师占总人口的比例	达到或超过万分之五时，分值为 1	小于万分之五时，分值等于实际的比例除以万分之五
行政保护水平	立法时间	达到或超过 100 年时，分值为 1	小于 100 年时，分值等于实际立法时间除以 100
政府执法态度	专利侵权案件的结案率	百分百结案的，分值为 1	未完全结案的，分值为实际的结案率
知识产权社会服务机构水平	能办理知识产权相关事务的律师事务所的比例	百分之百的律师事务所都能办理知识产权事务，分值为 1	不能全部办理时，分值为能够办理知识产权相关事务的律师事务所的数量除以全部律师事务所的数量
经济发展水平	人均 GDP	达到或超过 2000 美元时，分值为 1	小于 2000 美元时，分值为实际的人均 GDP 除以 2000
公众知识产权保护意识	人均专利申请量	万人拥有专利申请量达到或超过 10 件时，分值为 1	万人拥有专利申请量低于 10 件时，分值为实际数值除以 10
国际社会的监督制衡机制	WTO 成员国	是 WTO 成员国，分值为 1	非 WTO 成员国，分值为 0

资料来源：陈丽静：《知识产权保护、技术创新与贸易结构优化》[D]，2012。

6. 开放政策

我国的对外开放政策主要是针对进出口、汇率和外资具体展开，包括出口退税政策、汇率制度和外资政策等。一方面，汇率的变化最终导致进出口的变化，出口退税对出口有较强的拉动作用；另一方面，许多实证研究运用外商直接投资指标来评价我国以市场换技术的外资政策。鉴于以上两个方面的考虑，本书选择"贸易开放度"（Trade Openness）和"外商直接投资占 GDP 的比例"作为开放政策工具的执行变量，分别记为 OPEN 和 FDI。其中，贸易开放度的计算公式为：

$$OPEN = \frac{出口总额 + 进口总额}{GDP}$$

7. 基础设施政策

彭洁、涂勇（2008）认为，科技基础设施包括用于各类科技活动（研究发展）的工具和信息（实物承载的信息、数码信息和软件）及其物质、技术支撑和服务的基础条件[①]。我国财政性科技支出主要包括科学事业、科学基建费、科技三项经费和其他科研事业费，可见本书所选取的财税政策工具执行变量涵盖了科技物质基础设施的部分内容。基于此，此处应只考虑政府基础设施投资对创新的影响。许多实证研究从基础设施存量指标（各年度基础设施的现有水平和积累状况）来考察基础设施对创新的影响，例如最具权威性的历年《中国区域创新能力报告》，该报告使用"电话移动通信、公路拥有量和四种运输方式客货流量"三个指标。而本研究关注的是政府基础设施的政策对创新的影响，需要采用流量指标（各年度基础设施的投资量），张光南（2009）等人运用"政府税收收入中基础设施的投入比重"衡量政府基础设施的政策倾向，考虑到该指标数据获取的困难，本研究采用"基础设施投资占全社会固定资产投资的比重"作为基础设施政策工具的执行变量，记为INFRA。基础设施按行业划分，包括交通运输设施、邮电通信设施、能源供给设施、水利设施、生态设施、社会性基础设施等，通过文献检索，许多研究都认为交通运输和邮电通信设施对创新产生了非常重要的影响，鉴于此，本研究考察的基础设施仅仅只包含"交通运输仓储和邮电通信业"两项。

Uyarra（2010）认为区域创新体系包含自下而上和自上而下的两个维度，前者由区域创新的规模和学习过程决定，后者体现了特定的制度和治理机制所扮演的关键角色，以上两个维度实际上体现了区域创新体系中政府和市场的关系问题（柳卸林，吕萍等，2011）[②]。由此可见，除政策变量外，我们还需要测度创新过程中市场化进程本身的作用，本研究选择"市场化指数"代表不同地区的市场机制发达程度，将其作为控制变量加入到回归模型当中，记为MAR。

据此，对回归模型的自变量的设计详见表6-3。

[①] 彭洁、涂勇："基于系统论的科技基础设施概念模型研究"[J]，《科学学与科学技术管理》，2008年第9期。

[②] 柳卸林、吕萍、程鹏、陈傲：《构建均衡的区域创新体系》[M]，科学出版社，2011。

表 6-3　　　　　　　　　创新政策体系指标设计

指标	具体指标	指标缩写	数据来源
财税政策	财政科技拨款占财政总支出的比重	GOVF	STS 数据库
	企业研发所得税优惠	TAX	CSY
金融政策	科技活动经费筹集额中金融机构贷款	FIN	CSYST
人力资本政策	财政教育支出占 GDP 的比例	HR	CSY
政府采购政策	实际政府采购额	GP	CGPY
知识产权保护政策	知识产权保护强度	IPR	[D]①
开放政策	进出口贸易额占 GDP 的比例	OPEN	CCS、CSY
	实际利用外商直接投资额占 GDP 的比例	FDI	CCS、CSY
基础设施政策	基础设施投资占全社会固定资产投资的比重	INFRA	CSY
控制变量	市场化指数	MAR	NERI INDEX②

注：CSYST：《中国科技统计年鉴》；CSY：《中国统计年鉴》；CCS：《新中国六十年统计资料汇编》；CGPY：《中国政府采购年鉴》。

6.3 数据的收集和处理

根据设定的指标，考虑到所有变量数据的可获得性，本章选取的数据样本为我国除西藏外的其他 30 个省、自治区和直辖市 2000—2008 年共 9 年的面板数据。考虑到大部分地区政府采购政策工具的执行变量的数据从 2000 年开始统计，因此将 2000 年选择为样本起始期；考虑到金融政策工具的执行变量的数据只是统计到 2008 年，所以将 2008 年选择为样本终止期。本章所用到的数据根据《中国科技统计年鉴》（2001—2012）、中国科技统计数据库（http：//www.sts.org.cn/sjkl/kjtjdt/index.htm）、《中国统计年鉴》（2001—2012）、除西

---

① 2001—2008 年的数据来源于学位论文《知识产权保护、技术创新与贸易结构优化》，2000 年的数据根据该论文提出的方法计算得出。

② 樊纲、王小鲁：《中国市场化指数：各地区市场化相对进程年度报告》，经济科学出版社，2009。

藏外的其他 30 个省、市、自治区的统计年鉴 2012、《新中国六十年统计资料汇编》、《中国律师年鉴 2000》以及樊纲等主编的《中国市场化指数——各地区市场化相对进程报告》（2004、2006、2009、2011）的相关数据进行计算、整理而得。尽管尽最大可能从不同渠道收集相关数据，但关于"实际政府采购额"该项指标仍有部分地区 2000 年的数据难以获得。本研究主要采用以下方法来弥补数据：使 2001 年的数据为 2000 年和 2002 年数据的均值，按此方法进行计算，若计算出来的 2000 年的数据值大于 0 的，则取该计算值；若计算出来的 2000 年的数据小于 0 的，则用 2001 年的数据进行代替。除此之外，为了保证数据的可比性，本章对以货币为单位计量的指标进行了价格指数平减运算，以 2000 年为基期，从而消除通货膨胀的影响。

6.4 实证结果分析

6.4.1 各地区创新系统绩效的实证分析

本章依次选取 2000—2008 年的数据作为投入指标的数据，2002—2010 年数据测量创新绩效科技效益维度的技术产出，2003—2011 年数据测量创新绩效经济效益和社会效益维度的经济产出。研究仍然采用规模报酬变动（VRS）的非径向超效率 DEA 模型。

1. 超效率 DEA 模型的样本主要统计量描述

超效率 DEA 模型的主要统计量描述详情见表 6-4。

2. 超效率 DEA 模型的输出结果

本章仍然使用 MaxDEA Pro6.2 软件测算各决策单元的超效率值。我国各省、直辖市、自治区（西藏除外）的创新系统绩效计算结果详见表 6-5，各地区创新系统绩效的平均值如图 6-1 所示。

表 6-4   30 个地区样本的描述性统计

投入/产出变量	单位	均值	最小值	最大值	标准差	样本容量
投入变量						
创新经费投入强度	百分比	1.04	0.15	6.28	0.96	270
创新人员投入	人/年	43213.85	813	238684	41052.53	270
外商直接投资	亿美元	28.82	0.19	251.20	40.93	270
企业购买国内技术经费	万元	25891.93	4	226309	38069.21	270
企业引进技术经费	万元	121340.48	50	1000835	153404.68	270
产出变量						
专利产出	件	1012.78	6	13691	1815.51	270
新产品销售收入	百分比	13.70	0.60	46.00	8.39	270
劳动生产率	万元/人	4.39	0.66	17.38	3.04	270

表 6-5   各地区创新体系 Supper-Efficeincy Window 分析

年份 地区	2000	2001	2002	2003	2004	2005	2006	2007	2008	均值
北京市	0.4827	0.6475	1.0212	1.7793	1.1605	1.1785	1.0771	1.2871	1.1137	1.0831
天津市	0.3037	1.0247	1.0600	1.0720	1.0506	1.0199	1.0339	1.0077	1.0445	0.9574
河北省	0.1228	0.2410	0.2721	0.2632	0.2294	0.2483	0.2384	0.2168	0.2072	0.2266
山西省	0.4099	0.5638	0.5407	0.5586	1.1615	0.4321	0.3543	0.2329	0.2608	0.5016
内蒙古自治区	0.2699	0.4606	0.4742	0.6327	0.7979	1.0863	0.8929	1.0411	1.0505	0.7451
辽宁省	0.2065	0.2900	0.3851	0.3300	0.2618	0.3273	0.3078	0.2438	0.2256	0.2864
吉林省	0.0970	0.2288	0.4974	0.8787	0.9728	0.6100	1.2341	0.6480	0.5520	0.6354
黑龙江省	0.1428	0.1520	0.2034	0.1748	0.2751	0.2410	0.3133	0.3197	0.2875	0.2344
上海市	0.4631	0.7911	1.1276	1.0396	1.0574	1.0450	1.0440	1.0681	1.0671	0.9670
江苏省	0.1468	0.2164	0.2550	0.2248	0.2630	0.2945	0.3482	0.4467	0.5132	0.3010
浙江省	0.2549	0.4326	0.8524	0.6149	0.6044	0.5188	0.4982	0.7124	1.0325	0.6135
安徽省	0.1777	0.2586	0.2168	0.2608	0.2758	0.2562	0.2807	0.2934	0.2750	0.2550
福建省	0.1466	0.1912	0.2384	0.2489	0.2687	0.2531	0.2882	0.3269	0.3038	0.2518
江西省	0.2877	0.2824	0.1789	0.1879	0.1752	0.1633	0.1583	0.2426	0.1509	0.2030
山东省	0.1852	0.2687	0.2445	0.3017	0.3212	0.2894	0.3007	0.3510	0.3085	0.2857

续表

年份 地区	2000	2001	2002	2003	2004	2005	2006	2007	2008	均值
河南省	0.1686	0.3417	0.3341	0.4265	0.3407	0.3294	0.2622	0.3432	0.3490	0.3217
湖北省	0.1547	0.2017	0.2819	0.2285	0.3176	0.3349	0.3961	0.4204	0.3571	0.2992
湖南省	0.2070	0.2951	0.4230	0.5572	0.4856	0.5901	0.9259	1.0358	0.5329	0.5614
广东省	0.1557	0.4348	0.7115	0.5570	0.5935	0.6263	1.1396	1.0959	1.0814	0.7106
广西壮族自治区	0.2002	0.3441	0.3374	0.3753	0.8413	0.6412	0.9201	1.0699	0.6577	0.5986
海南省	1.0981	1.3728	1.6995	1.7595	1.1360	1.1838	1.1785	1.3448	1.5011	1.3638
重庆市	0.5257	1.0864	1.1467	0.9537	0.9352	1.1005	0.9994	1.0296	0.5295	0.9230
四川省	0.2055	0.2086	0.2821	0.3403	0.3685	0.3206	0.3945	0.3208	0.2821	0.3026
贵州省	1.4016	0.3129	1.2764	1.0959	1.1274	0.4643	0.5950	1.2704	1.0769	0.9579
云南省	0.2602	0.7641	0.6111	0.6688	1.1713	0.8030	0.3749	0.3287	0.3751	0.5952
陕西省	0.1720	0.2332	0.2772	0.2258	0.2806	0.3411	0.3469	0.4073	0.3624	0.2941
甘肃省	0.2354	0.2144	0.4172	0.7473	1.1671	1.2083	1.0467	0.3537	1.0275	0.7131
青海省	1.1811	1.0666	0.8700	1.1344	4.8339	1.0913	1.4910	1.0686	1.4111	1.5720
宁夏回族自治区	0.5522	1.0863	1.1805	1.2839	1.0199	1.1040	1.0548	1.0302	1.0904	1.0447
新疆维吾尔自治区	1.5919	1.3314	0.5249	1.1556	1.4325	1.6281	0.5337	1.0775	1.0799	1.1506

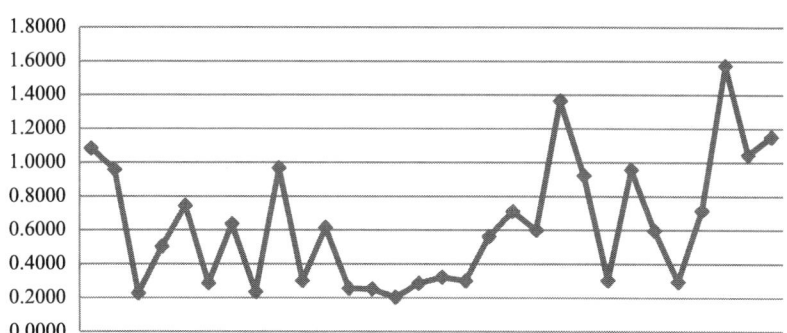

图6-1 省域创新系统绩效平均值

整体而言，我国各个地区的创新系统绩效虽然呈增长态势，然而普遍没有实现最优效率。由表 6-5 可知，2000—2008 年，绝大多数年度处于绩效前沿面的地区包括北京、天津、上海、海南、贵州、青海、宁夏和新疆 8 个省市，占到所有地区的 26.67%，但是青海和新疆同一年度在不同视窗内的绩效得分波动幅度较大，相对而言稳定性较差。广东的创新绩效增长最为迅速，增幅最大，其创新绩效得分从 2000 年的 0.1557 迅猛增长到 2008 年的 1.0814，增幅达到 5.95 倍。另外，河北、安徽和江西 3 省的创新系统绩效最差，其创新绩效得分从未达到 0.3。从图 6-1 可以看到，只有 5 个地区的创新绩效在 1 之上，超过一半以上的地区的创新系统绩效在 0.6 以下，其中，江西的创新系统绩效最差，平均得分只有 0.203。

6.4.2 创新政策的实证分析

1. 全国总体样本的实证分析结果

（1）样本主要统计量描述。本章对"企业研发所得税优惠"、"科技活动经费筹集额中金融机构贷款"和"实际政府采购额"这 3 个以货币为单位计量的指标进行平减运算时，使用的是我国消费价格指数，以 2000 年为基期。本节实证研究所选取的解释变量和被解释变量的描述性统计分析详见表 6-6。从表中可以看到，以绝对量描述的各项指标的均值和标准差都比较大。在建立回归模型之前，需要对各项指标的样本数据进行平稳性检验。

表 6-6　　　　　创新政策工具执行变量的描述性统计

变量	单位	均值	最小值	最大值	标准差	样本容量
创新绩效值（SCORE）	数值	0.6318	0.0970	4.8339	0.4813	270
财政科技拨款占财政总支出的比重（GOVF）	百分比	1.77	0.68	5.73	0.9647	270
企业研发所得税优惠（TAX）	万元	63667.20	218.81	510316.30	90547.14	270
科技活动经费筹集额中金融机构贷款（FIN）	万元	87812.01	1.00	716063.41	112376.8	270
财政教育支出占 GDP 的比例（HR）	百分比	2.42	0.63	6.45	0.8826	270
实际政府采购额（GP）	亿元	67.20	0.23	520.10	83.3991	270

续表

变量	单位	均值	最小值	最大值	标准差	样本容量
知识产权保护强度（IPR）	数值	2.161	1.150	4.147	0.5423	270
贸易开放度（OPEN）	百分比	0.3412	0.0367	1.7222	0.4324	270
实际利用外商直接投资额占GDP的比例（FDI）	百分比	3.08	0.09	14.65	2.6170	270
基础设施投资占全社会固定资产投资的比重（INFRA）	百分比	13.88	4.68	28.87	4.5587	270
市场化指数（MAR）	数值	6.19	2.37	11.16	1.9436	270

（2）样本数据平稳性检验和协整检验。

①样本数据平稳性检验。为了避免面板数据的时间序列非平稳导致的伪回归问题，进而确保估计结果的有效性，面板数据在回归前有必要进行平稳性检验。基于面板数据模型的单位根检验的常用方法有 LLC、Breitung、Hadri 3 种相同根检验方法和 IPS、ADF - Fisher 和 PP - Fisher 3 种不同根检验方法。LLC、Breitung 和 Hadri 方法的原假设存在共同单位根，IPS、ADF - Fisher 和 PP - Fisher 的原假设存在个体单位根①。本研究使用 Eviews6.0 软件，采用 LLC、Fisher - ADF 和 Fisher - PP 3 种方法分别对模型中使用的各个指标序列进行平稳性检验，并对照 Breitung 方法的结果检验单位根，结果如表 6 - 7 所示。

表 6 - 7   面板数据单位根检验结果

检验方法	LLC	Breitung t - stat	Fisher - ADF	Fisher - PP
原假设	共同单位根	共同单位根	单位根	单位根
SCORE	-34.0961***	0.11976	107.0760***	176.7320***
GOVF	-13.4402***	0.28554	81.5084**	127.5110***
TAX	-15.0839***	-8.1903***	104.6000***	216.3820***
lnTAX	-12.3331***	-4.4418***	78.9373*	144.1300***
FIN	-7.8846***	0.8603	64.6079	99.8142***
lnFIN	-9.3031***	-0.8320	69.8360	117.9030***

---

① 张光南、陈广汉："基础设施投入的决定因素研究：基于多国面板数据的分析"[J]，《世界经济》，2009 年第 3 期。

续表

检验方法	LLC	Breitung t-stat	Fisher-ADF	Fisher-PP
原假设	共同单位根	共同单位根	单位根	单位根
HR	-2.2488**	2.1558	27.7268	34.0879
GP	-3.3779***	8.5782	43.0039	83.2747**
lnGP	-14.1796***	5.44043	79.8464**	158.8560***
IPR	-18.4586***	0.6294	131.5780***	245.0310***
lnIPR	-24.1723***	0.5014	159.7190***	280.0460***
FDI	-3.1051***	5.1406	74.8362*	91.9553***
OPEN	-5.5924***	2.7662	49.5533	71.2310
INFRA	-6.6105***	0.8068	111.6480***	162.8910***
MAR	-12.9106***	-1.3607*	117.2710***	125.9950***

注：SCORE、GOVF、TAX、lnTAX、FIN、lnFIN、HR、GP、IPR、lnIPR、OPEN和MAR检验的是含有截距和趋势项的模型；FDI和INFRA检验的是截距项和趋势项都不含的模型。"*"、"**"、"***"分别表示10%、5%、1%的显著性水平。

我们可以将单位根的检验结果概括为以下几点：第一，采用LLC方法进行检验，11个变量不论是原序列还是对数形式，除了"财政教育支出占GDP的比例（HR）"是以5%的显著性水平拒绝共同单位根的原假设，其他10个变量均以1%的显著性水平拒绝共同单位根的原假设；第二，无论采用哪种检验方法，绝大多数变量都以1%的显著性水平拒绝单位根的原假设；第三，虽然"财政教育支出占GDP的比例（HR）"和"贸易开放度（OPEN）"未能显著拒绝个体单位根的原假设，但都拒绝了共同单位根的原假设；第四，一方面由于本章采用的是2000—2008年9年的数据，时期跨度太短，另一方面采用不同的检验方法，导致一些变量的四种检验结果出现偏差，未能获得完全一致的结论；最后，总体而言，根据四种方法的单位根检验结果，仍然可以以较大可信度判断各变量无论是原序列形式还是对数形式序列都是平稳序列。

②样本数据协整检验。变量平稳性检验结果中我们可知，变量之间是同阶单整。本书拟采用对数模型进行回归，因此接下来对对数形式的变量进行协整检验。面板数据的协整检验方法分为两大类：一类是建立在Engle and Granger二步法检验基础上的面板协整检验，具体方法主要有Pedroni检验和Kao检验；另一类是建立在Johansen协整检验基础上的面板协整检验。基于变量数目的考虑，本书采用Kao检验方法，检验结果见表6-8。统计量P值小于0.05，可见变量以5%的显著性水平支持协整，即变量之间存在协整关系。

表6-8　Kao 检验结果（滞后阶数由 SIC 准则确定）

Kao Residual Cointegration Test		
Null Hypothesis: Nocointegration		
Automatic lag length selection based on SIC with a max lag of 1		
Newey – West automatic bandwidth selection and Bartlett kernel		
	t – Statistic	Prob.
ADF	– 2.302232	0.0107

（3）模型结果分析。根据第 4 章，本研究对国家创新系统绩效分析提出了七个假设。本章以我国各省、直辖市、自治区（除西藏）的创新系统绩效得分值为被解释变量，对创新政策体系因素对国家创新系统绩效的影响进行实证检验。本研究采用对数模型进行回归，其基本形式如下：

$$SCORE_{it}^* = C_i + \beta_{i1}GOVF_{it} + \beta_{i2}\ln TAX_{it} + \beta_{i3}\ln FIN_{it} + \beta_{i4}\ln GP_{it} + \beta_{i5}HR_{it}$$
$$+ \beta_{i6}\ln IPR_{it} + \beta_{i7}FDI_{it} + \beta_{i8}OPEN_{it} + \beta_{i9}INFRA_{it} + \beta_{i10}MAR_{it} + \mu_{it} \quad (6-6)$$

其中，i 为全国 30 个省、直辖市、自治区（西藏除外），i = 1，2，…，30；t 为年份，t = 2000，2001，…，2008；μ_{it} 为随机误差项。系数 β_{i1}、β_{i5}、β_{i7}、β_{i8}、β_{i9}、β_{i10} 分别表示财政科技拨款占财政总支出的比重（GOVF）、财政教育支出占 GDP 的比例（HR）、实际利用外商直接投资额占 GDP 的比例（FDI）、贸易开放度（OPEN）、基础设施投资占全社会固定资产投资的比重（INFRA）、市场化指数（MAR）各自变动 1 个单位，创新系统绩效值将分别变动 β_{i1}、β_{i5}、β_{i7}、β_{i8}、β_{i9}、β_{i10} 单位，以反映政府财政支持政策、人力资本政策、开放政策、基础设施政策和市场化进程对国家创新系统绩效的影响。β_{i2}、β_{i3}、β_{i4}、β_{i6} 分别表示企业研发所得税优惠（TAX）、科技活动经费筹集额中金融机构贷款（FIN）、实际政府采购额（GP）、知识产权保护强度（IPR）各自变动 1%，国家创新系统绩效值变动 β_{i2}、β_{i3}、β_{i4}、β_{i6} 单位，以反映税收激励政策、金融支持政策、政府采购政策和知识产权保护政策对国家创新系统绩效的影响。

本章的全国 30 个省、直辖市、自治区（西藏除外）2000—2008 年面板数据进行检验。为了检验需要固定效应模型还是随机效应模型，进行 Hausman 检验的结果如表 6 - 9 所示。取显著性水平为 1%，P 值小于 0.01，拒绝随机效应的原假设，因此本研究采用固定效应模型来检验各项创新政策因素对国家创新系统绩效的影响。

表 6-9　　　　　　　　　　Hausman 检验结果

Correlated Random Effects – Hausman Test

Test cross – section random effects

Test Summary	Chi – Sq. Statistic	Chi – Sq. d. f.	Prob.
Cross – section random	44.768772	10	0.0000

考虑到本研究面板数据"宽而短",为了消除同一时期各地区的创新可能存在的相关性和异方差性,本研究采用广义最小二乘法(Cross – section Weight)进行估计,运用 Eviews6.0 软件,实证检验结果见表 6-10。

表 6-10　　　　　　　　　　全国样本回归结果

	相关系数	标准差	t 统计量	P 值
C	0.5820 **	0.2565	2.2690	0.0242
GOVF	0.0630 **	0.0249	2.5307	0.0121
lnTAX	0.0153	0.0202	0.7545	0.4513
lnFIN	-0.0136	0.0160	-0.8486	0.3970
lnGP	0.0617 ***	0.0190	3.2444	0.0014
HR	-0.0615 ***	0.0213	-2.8901	0.0042
lnIPR	0.2431 ***	0.0644	3.7755	0.0002
FDI	-0.0298 ***	0.0074	-4.0501	0.0001
OPEN	-0.09812	0.1040	-0.9441	0.3461
INFRA	-0.0029	0.0033	-0.8756	0.3822
MAR	-0.0253 *	0.0129	-1.9579	0.0514
R^2 值	0.853342	均值方差	1.0966	
调整后的 R^2 值	0.8285	S. D. 方差	0.5860	
F 统计量	34.3148	DW 值	1.5076	
Prob(F 统计量)	0			

注:*** 表示在 1% 的水平上统计显著;** 表示在 5% 的水平上统计显著;* 表示在 10% 的水平上统计显著。

从表 6-10 的全国样本回归结果可以得出以下基本结论:"政府财政科技拨款"与创新系统绩效呈显著的正相关关系,加大政府科技投入对我国创新系统绩效的提升具有正面影响;"研发税收优惠政策"与我国创新系统绩效呈正相关关系,系数为 0.015271 不显著;"金融支持政策"与我国创新系统绩效之间无显著相关关系;"政府采购政策"与我国创新系统绩效呈显著的正相关关系;"教育投入政策"与我国创新系统绩效之间有显著负相关关系;"知识产权保护政策"与我国创新系统绩效呈显著正相关关系;"开放政策"与我国创新系统绩效之间有负相关关系,其中外商直接投资与我国创新系统绩效之间呈显著负相关关系,而贸易开放度的系数不显著;"基础设施政策"与我国创新系统绩效之间无显著相关关系;"市场化进程"与我国创新系统绩效之间有显著的负相关关系。

表 6-11 给出假设的验证结果及支持情况。

表 6-11　　　　　　　假设检验通过的总体情况

假　　设	支持情况
假设1：财税政策对国家创新系统绩效具有显著正向影响	支持：政府科技拨款对国家创新系统绩效具有显著正向影响
	不支持：研发税收优惠、政府科技拨款对国家创新系统绩效具有显著正向影响
假设2：金融政策对国家创新系统绩效具有显著正向影响	不支持
假设3：教育投入政策对国家创新系统绩效具有显著正向影响	不支持
假设4：政府采购政策对国家创新系统绩效具有显著正向影响	支持
假设5：知识产权保护政策对国家创新系统绩效具有显著正向影响	支持
假设6：开放政策对国家创新系统绩效具有显著正向影响	不支持
假设7：基础设施政策对国家创新系统绩效具有显著正向影响	不支持

2. 创新系统中政策干预和市场力量的关系检验

前面的模型证实代表市场机制发达程度的"市场化进程"与我国创新系统绩效呈显著的负相关关系,那是不是就意味着我们要提高国家创新系统绩效的水平,就只需要强调政府创新政策干预的作用呢?一方面,经济理论告诉我们，政府政策干预主要是弥补创新系统市场失灵的根本手段。结合书中第2章新政策干预的理论基础部分，我们认为当完全依靠市场机制的调节无法实现创新资源的最优配置以及社会福利最大化时，政府应当采取恰当的手段和作用对市场失灵进行弥补。另一方面，政府本身的行为也有其内在局限性，也会存在失灵现象。中国政府失灵主要体现在以下两个方面：第一，内部性导致的寻租；第二，政府的行政效率受到不完全信息的天然局限（柳卸林等，2011）。为提高创新系统绩效提供更可靠的政策建议，本节进一步检验创新政策干预和市场力量在创新系统绩效中的关系。为研究需要，共构建二组实证计量模型：

$$SCORE_{it}^* = C_i + \beta_{i1}GOVF_{it} + \beta_{i2}\ln TAX_{it} + \beta_{i3}\ln FIN_{it} + \beta_{i4}\ln GP_{it} + \beta_{i5}HR_{it}$$
$$+ \beta_{i6}\ln IPR_{it} + \beta_{i7}FDI_{it} + \beta_{i8}OPEN_{it} + \beta_{i9}INFRA_{it} + \mu_{it} \quad (6-7)$$

$$SCORE_{it}^* = C_i + \beta_i MAR_{it} + \mu_{it} \quad (6-8)$$

模型（6-7）仅考虑了创新政策的影响，模型（6-8）仅考虑了市场机制的影响，为了降低回归结果不一致的风险，仍然选择固定效应模型、采用广义最小二乘法（Cross - section Weight）进行估计，并将其结果与考虑了创新政策干预和市场机制的综合影响的模型（6-6）相比较，结果如表6-12所示。

表6-12　　　　　　　　　　模型检验结果

	模型（6-7）	模型（6-8）	模型（6-6）
C	0.5193**	0.2950***	0.5820**
GOVF	0.0489**		0.0630**
lnTAX	0.0141		0.0153
lnFIN	-0.0145		-0.0136
lnGP	0.0397***		0.0617***
HR	-0.0541**		-0.0615***
lnIPR	0.2497***		0.2431***
FDI	-0.0294***		-0.0298***
OPEN	-0.1266		-0.0982
INFRA	-0.0018		-0.0029
MAR		0.0544***	-0.0253*
R^2值	0.8518	0.8092	0.8533
调整后的R^2	0.8274	0.7852	0.8285

续表

	模型 (6-7)	模型 (6-8)	模型 (6-6)
F 统计量	34.9260 (0)	33.7784 (0)	34.3148 (0)
DW 值	1.5074	1.4136	1.5076

注：①***表示在1%的水平上统计显著；**表示在5%的水平上统计显著；*表示在10%的水平上统计显著；②F 统计量括号中为其 P 值。

从表 6-12 可以看出，3 个模型的效果都较好，但是模型 (6-6) 的效果优于模型 (6-7) 和模型 (6-8)。在模型 (6-7) 中，政府财政科技拨款、政府采购政策、知识产权保护政策对创新系统绩效产生了显著的正向影响，但由于加入了市场力量的影响，政府财政科技拨款、政府采购政策的正向影响被加强。教育投入政策和开放政策对创新系统绩效产生了显著的负向影响，加入市场力量之后，教育投入政策的负向影响被加强。在模型 (6-8) 中，市场化进程对创新系统绩效产生了显著的正向影响，但由于加入了政策干预的相关变量，市场化进程对创新系统绩效的影响方向发生了变化，由显著为正变为显著为负。总体来看，我国创新系统绩效水平更容易受政府财政科技拨款、政府采购政策、知识产权保护政策的影响，政策干预使得市场力量在提高创新绩效水平方面没有发挥出充分的作用。

3. 东部、中部、西部地区样本的实证分析结果

由于我国幅员辽阔，各个省、直辖市、自治区在经济发展水平、行政服务水平和能力、资源禀赋以及创新能力等方面都存在较大差异，因此，考虑到样本间的异质性，为了进一步探索创新政策对国家创新系统绩效影响的空间差异，本研究按照通常的方法将全国分为三大区域：东部地区、中部地区和西部地区①。仍然采用对数模型进行回归。

(1) 样本数据平稳性检验和谐整检验。

①样本数据平稳性检验。本节依然使用 Eviews6.0 软件，采用 LLC、Fisher-ADF 和 Fisher-PP 3 种方法对分别对模型中使用的各个指标序列进行平稳性检验，并对照 Breitung 方法的结果检验单位根。在检验过程中发现，HR、

---

① 东部地区包括：北京、天津、河北、辽宁、上海、江苏、浙江、福建、山东、广东和海南；中部地区包括：山西、吉林、黑龙江、安徽、江西、河南、湖北和湖南；西部地区包括：内蒙古、广西、重庆、四川、云南、陕西、甘肃、青海、宁夏和新疆。

OPEN 原序列通不过平稳性检验,而他们的一阶差分序列是平稳序列,所以对这两个变量进行差分,使之与其他变量变成同阶序列。检验结果详情见表 6－13。从表 6－13 中,我们可以以较大可信度判断 SCORE、GOVF、lnTAX、lnFIN、D（HR）、lnGP、lnIPR、FDI、D（OPEN）、INFRA 和 MAR 变量之间是同阶单整。

表 6－13　　　　　　　　面板数据单位根检验结果

		检验方法	LLC	Breitung t－stat	Fisher－ADF
	Fisher－PP	原假设	共同单位根	共同单位根	单位根
	单位根				
东部	SCORE	－33.0948***	0.2346	48.2176***	79.6957***
	GOVF	－8.7425***	0.1075	39.9117**	46.2393***
	lnTAX	－4.7515***	－1.2915*	21.3604	43.1085***
	lnFIN	－6.9412***	－2.3459***	31.0394*	53.4421***
	D（HR）	－6.2499***	－1.2965*	38.2505**	41.2868***
	lnGP	－9.6903***	4.02318	59.3982***	110.9320***
	lnIPR	－20.8278***	0.6469	76.3070***	127.4460***
	FDI	－8.6061***	2.0771	33.4608***	43.1662***
	D（OPEN）	－4.5481***	1.4726	46.4015***	46.0848***
	INFRA	－7.1401***	－0.8456	33.4855*	49.5846***
	MAR	－4.5696***	－0.0776	26.5088	25.7584
中部	SCORE	－7.3575***	－0.1717	29.0045**	44.0886***
	GOVF	－5.4284***	0.6821	28.2015**	38.7592***
	lnTAX	－6.9677***	－3.1414***	23.6844*	46.3826***
	lnFIN	－4.4780***	－0.0051	17.4988	24.1846*
	D（HR）	－4.7265***	－0.6977	40.1729***	40.2720***
	lnGP	－12.8467***	2.5124	44.9575***	90.1811***
	lnIPR	－8.7849***	0.7183	36.3845***	74.9130***
	FDI	－4.5728***	1.5376	12.6170	28.1489
	D（OPEN）	－6.0809***	－1.6112*	30.8592**	40.8929***
	INFRA	－3.0344***	1.5704	26.5098**	37.6894***
	MAR	－8.9338***	－1.3388*	43.7913***	47.3501***

续表

	Fisher – PP	检验方法	LLC	Breitung t – stat	Fisher – ADF
	单位根	原假设	共同单位根	共同单位根	单位根
西部	SCORE	-5.6154***	0.2459	38.3138***	45.3528***
	GOVF	-5.2318***	-0.2028	36.8707**	41.4377***
	lnTAX	-7.9908***	-4.0735***	31.6078**	62.7601***
	lnFIN	-4.6796***	0.3731	20.0583	39.7169***
	D（HR）	-8.1466***	-0.7026	41.6946***	41.7542***
	lnGP	-8.2792***	2.6186	41.7769***	77.1100***
	lnIPR	-9.0256***	-1.0572	35.9741**	59.2661***
	FDI	0.4280	4.4826	22.8311	29.5527**
	D（OPEN）	-7.2031***	0.7895	68.0055***	70.3946***
	INFRA	-5.9236***	0.3204	55.3358***	87.0993***
	MAR	-7.6149***	-1.1444	38.6011***	45.6321***

注："*"、"**"、"***"分别表示10%、5%、1%的显著性水平。

②样本数据协整检验。本节依然研究采用 Kao 检验方法对东部、中部、西部的样本数据进行协整检验，检验结果见表 6-14。东部样本的统计量 P 值小于 0.01，可见变量以 1% 的显著性水平支持协整；中部和西部样本的统计量 P 值小于 0.1，可见变量以 10% 的显著性水平支持协整，即变量之间存在协整关系。

表 6-14   Kao 检验结果（滞后阶数由 SIC 准则确定）

Kao Residual Cointegration Test					
Null Hypothesis：Nocointegration					
Automatic lag length selection based on SIC with a max lag of 1					
Newey – West automatic bandwidth selection and Bartlett kernel					
东部		中部		西部	
ADF		ADF		ADF	
t – Statistic	Prob.	t – Statistic	Prob.	t – Statistic	Prob.
-4.457174	0.0000	-1.560217	0.0594	-1.339639	-0.0976

（2）模型结果分析。本节分别针对全国样本以及东部地区、中部地区和西部地区的样本构建面板数据模型。根据前面对变量进行的平稳性检验和谐整检验，本节拟采用的回归模型基本形式如下：

$$SCORE_{j,it}^* = \alpha_{j,i} + \beta_{j0} + \beta_{j1}GOVF_{j,it} + \beta_{j2}\ln TAX_{j,it} + \beta_{j3}\ln FIN_{j,it} + \beta_{j4}D(HR_{j,it})$$
$$+ \beta_{j5}\ln GP_{j,it} + \beta_{j6}\ln IPR_{j,it} + \beta_{j7}FDI_{j,it} + \beta_{j8}D(OPEN_{j,it})$$
$$+ \beta_{j9}INFRA_{j,it} + \beta_{j10}MAR_{j,it} + \mu_{j,it} \tag{6-9}$$

模型6-9中，$j=1,2,3$，分别代表东部、中部、西部3个样本；t为年份，$t=2000,2001,\cdots,2008$；系数 $\alpha_{j,i}$ 为各区域的固定影响截距项，β_{j0} 为常数项；$\mu_{j,it}$ 为随机误差项。系数 β_{j1}、β_{j7}、β_{j9}、β_{j10} 分别表示财政科技拨款占财政总支出的比重（GOVF）、际利用外商直接投资额占 GDP 的比例（FDI）、基础设施投资占全社会固定资产投资的比重（INFRA）、市场化指数（MAR）各自变动1个单位，创新系统绩效值将分别变动 β_{j1}、β_{j7}、β_{j9}、β_{j10} 单位，以反映政府财政支持政策、外资政策、基础设施政策和市场化进程对国家创新系统绩效的影响。β_{j2}、β_{j3}、β_{j5}、β_{j6} 分别表示企业研发所得税优惠（TAX）、科技活动经费筹集额中金融机构贷款（FIN）、实际政府采购额（GP）、知识产权保护强度（IPR）各自变动1%，国家创新系统绩效值变动 β_{j2}、β_{j3}、β_{j5}、β_{j6} 单位，以反映税收激励政策、金融支持政策、政府采购政策和知识产权保护政策对国家创新系统绩效的影响。β_{j4}、β_{j8} 分别表示人力资本投资政策和贸易政策对国家创新系统的影响。

本节仍然运用 Eviews6.0 软件，采用广义最小二乘法（Cross - section Weight）进行估计，实证检验结果见表6-15。

表6-15 东部、中部、西部样本的回归结果

变量	东部	中部	西部
C	0.8943 ** (2.0900)	0.5134 (0.9718)	0.4562 (0.5961)
GOVF	0.0618 ** (2.4561)	-0.0418 (-0.6556)	-0.1069 (-0.8423)
lnTAX	0.0319 (0.9185)	-0.0100 (-0.2210)	-0.0040 (-0.0703)
lnFIN	-0.0566 ** (-2.6385)	-0.0284 (-0.7145)	0.0784 (1.6588)
D (HR)	0.0802 (1.3686)	0.0674 (1.1906)	-0.0279 (-0.6726)
lnGP	-0.0344 (-0.7531)	0.0902 (1.2774)	0.1020 * (1.6858)
lnIPR	0.2197 (1.4992)	0.0881 (0.5158)	0.2423 (1.3733)
FDI	-0.0132 * (-1.6728)	-0.0408 ** (-2.1154)	-0.2377 *** (-3.8367)
D (OPEN)	0.1120 (0.8765)	1.0183 (0.6726)	0.9445 (0.6092)
INFRA	-0.0151 ** (-2.5436)	0.0085 * (1.6810)	0.0019 (0.1661)
MAR	0.0106 (0.3954)	-0.0155 (-0.3425)	-0.0890 (-1.3741)
R^2 值	0.9576	0.7009	0.8544

续表

变量	东部	中部	西部
调整后的 R^2	0.9449	0.5903	0.8083
F 统计量	75.6494（0）	6.3404（0）	18.5351（0）
DW 值	1.6310	1.7223	1.9221

注：①***表示在1%的水平上统计显著；**表示在5%的水平上统计显著；*表示在10%的水平上统计显著，括号中为t值；②F统计量括号中为其P值。

从表6-15的回归结果，我们可以得出如下结论。

（1）对于东部地区而言。财税政策与创新系统绩效呈正相关关系，"政府财政科技拨款"的系数显著，说明政府直接投入政策能显著地促进创新系统绩效的提高；"研发税收优惠"的系数不显著。"金融支持政策"与创新系统绩效之间有显著负相关关系。"教育投入政策"、"政府采购政策"和"知识产权保护政策"与创新系统绩效之间无显著相关关系。隶属开放政策当中的外资政策与创新系统绩效之间呈显著的负相关关系，而贸易政策与创新系统绩效之间无显著相关关系。"基础设施政策"与创新系统绩效之间有显著负相关关系。"市场化进程"与创新系统绩效之间有显著的负相关关系。

（2）对于中部地区而言。"外资政策"与创新系统绩效之间有显著的负相关关系，且比东部地区显著负向加强。"基础设施政策"与创新系统绩效呈显著的正相关关系。"财税政策"、"金融支持政策"、"教育投入政策"、"政府采购政策"和"知识产权保护政策"、"贸易政策"以及"市场化进程"与创新系统绩效之间均无显著相关关系。

（3）对于西部地区而言。"政府采购政策"与创新系统绩效呈显著的正相关关系。"外资政策"与创新系统绩效之间有显著的负相关关系，且比中部地区显著负向加强。"财税政策"、"金融支持政策"、"教育投入政策"、"知识产权保护政策"、"贸易政策"、"基础设施政策"以及"市场化进程"与创新系统绩效之间均无显著相关关系。

为了更加精确地评价创新政策体系对创新系统绩效的影响以及更准确地提供提高创新系统绩效的政策建议，本节进一步对表6-15的检验模型结果进行不显著变量的剔除，得到表6-16、表6-17、表6-18的实证检验结果。总的来讲，东部创新系统绩效水平更容易受政府财政科技拨款、金融支持政策、知识产权保护政策、政府采购政策和外资政策的影响，中部创新系统绩效水平更容易受政府采购政策、外资政策和基础设施政策的影响，西部创新系统绩效水平更容易受政府财政科技拨款、外资政策和政府采购政策的影响。

表6-16　　　　　　　　　东部样本的回归结果

	相关系数	标准差	t统计量	P值
C	0.6914	0.2560	2.7011	0.0084
GOVF	0.0602	0.0234	2.5689	0.0120
FIN	-0.0485	0.0223	-2.1741	0.0325
IPR	0.3207	0.1007	3.1850	0.0020
GP	0.0326	0.0187	1.7421	0.0852
FDI	-0.0163	0.0086	-1.8994	0.0610
R^2值	0.9081		F统计量（P值）	54.6561（0）
调整后的R^2值	0.8915		DW值	1.3293

表6-17　　　　　　　　　中部样本的回归结果

	相关系数	标准差	t统计量	P值
C	0.1308	0.0619	2.112829	0.0387
GP	0.0737	0.0093	7.943467	0.0000
FDI	-0.0490	0.0010	-4.9035	0.0000
INFRA	0.0066	0.0028	2.3514	0.0219
R^2值	0.6991		F统计量（P值）	14.1714（0）
调整后的R^2值	0.6498		DW值	1.8182

表6-18　　　　　　　　　西部样本的回归结果

	相关系数	标准差	t统计量	P值
C	0.9661	0.1173	8.2379	0.0000
GOVF	-0.1446	0.0750	-1.9287	0.0575
FDI	-0.1753	0.0460	-3.8110	0.0003
GP	0.0798	0.0135	5.9263	0.0000
R^2值	0.8690		F统计量（P值）	42.5469（0）
调整后的R^2值	0.8485		DW值	1.5882

6.5　假设检验结果及讨论

假设1：财税政策对国家创新系统绩效具有显著正向影响。

"政府财政科技拨款"与我国创新系统绩效呈显著的正相关关系,"研发税收优惠政策"与我国创新系统绩效之间无显著相关关系。

1. 本结论部分支持了我们的研究猜想

通常情况下,我国将研发经费按其资金来源分为:政府资金、企业资金、国外资金和其他资金,政府扮演了重要的资金来源供给方。实证研究发现,现阶段我国政府具有很强的功能与作用,通过财政科技拨款,为创新提供物质支撑和资金储备,对创新主体进行利益补偿、提供资金支持,不但对创新主体创新意愿培育产生了积极的影响,更是有利于创新创新主体能力建设,进而有效地促进了我国整体创新系统绩效。这一结论能很好地解释、支持我国这些年提高财政支出中科技投入比例的事实。如图6-2所示,2001—2012年,我国财政收入的增速快于GDP的增长速度,年均增长率达到19.9%。同时,财政科技拨款的年均增长率为21%,高于财政收入增速1.1个百分点,达到了建立创新型国家建设的最基本要求。

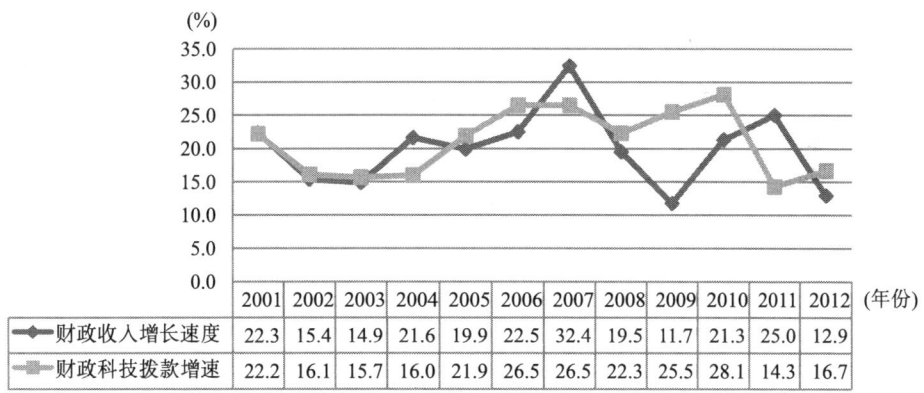

图6-2 财政科技拨款增速和财政收入的增速对比

同时,这一结论也表明进入21世纪以来,我国财政科技投入结构不断得到优化。从国家主要科技计划中央财政拨款来看,2001—2012年,拨款增速最快的项目是"国家重点实验室建设计划",其次为"国家自然科学基金"、"863计划"、"国家科技合作重点项目计划"、"科技型中小企业技术创新基金"以及"科技支撑计划/科技攻关计划",表明我国政府干预在市场机制不能有效配置资源的基础研究、前沿技术研究、科技基础设施建设方面发挥了非常重要的作用，并且我国政府也越来越关注、重视创新合作、科技型中小企业在创新系统绩效提升过程中的作用，从而保障对配置公共资源到政府确定的国家优先领域的激励，实现创新系统绩效的提升。

2. 关于税收激励政策对创新系统绩效的实证结果，虽然实证结果表明两者呈正相关关系，但系数并不显著

可见，该实证结果并不支持我们的研究猜想，可能存在以下几个方面的原因导致这一结果的产生：

第一，我国对研发的税收激励总量不足。税收面向的是企业和个人，税收激励能够利用市场力量，激励更多的民间资金开展研发投资，因而许多发达国家更加重视税收激励的作用。从 2013 年 OECD 提供的在企业研发活动中财政直接资助与税收激励的程度（如图 6-3）可以看出，与发达国家相比，我国对企业研发活动的税收激励规模严重不足。从图 6-4 可以看到，我国目前为激励企业创新而实施的税收政策，缺少对企业整体研发投入的"普惠性"激励，在某种程度上抑制了创新主体的创新动力，不利于创新主体创新意愿的培育。

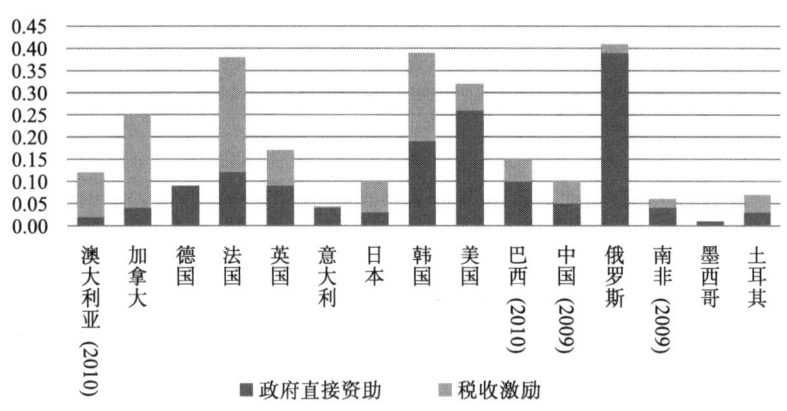

图 6-3　2011 年企业研发活动的政府直接资助和税收激励比较

资料来源：OECD, *Based on OECD R&D Tax Incentives Questionnaire, Publicly Available Sources, And OECD*, Main Science and Technology Indicators, June 2013.

http://www.oecd-ilibrary.org/science-and-technology/oecd-science-technology-and-industry-scoreboard-2013/direct-government-funding-of-business-r-and-d-and-tax-incentives-for-r-and-d-2011_sti_scoreboard-2013-graph97-en.

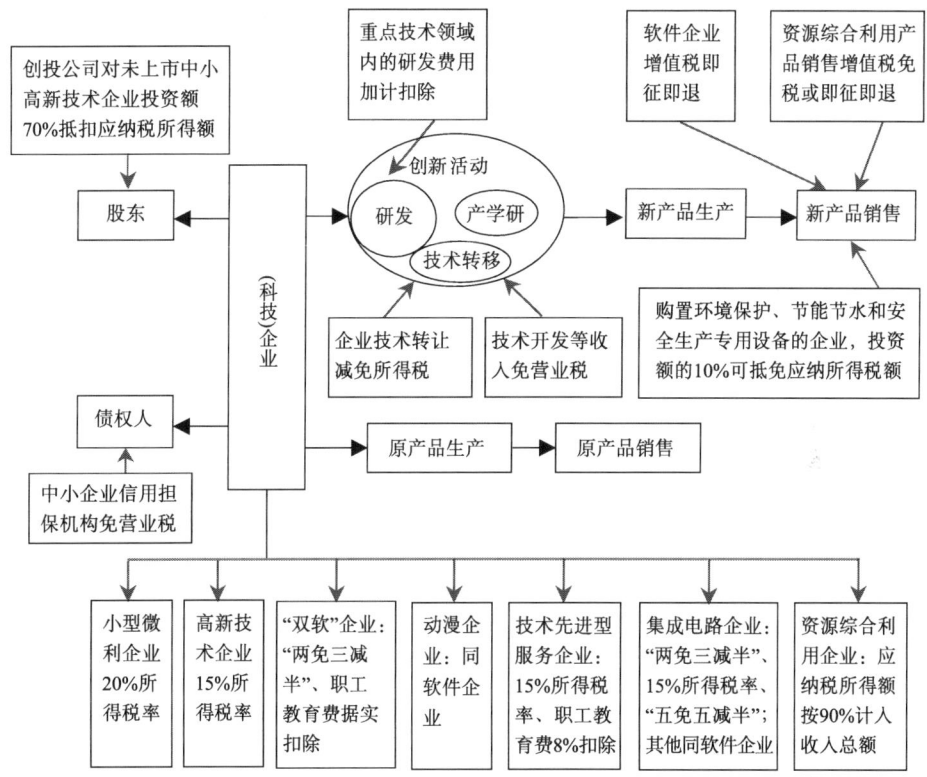

图6-4 我国现行围绕企业建立和成长的科技税收政策体系

资料来源：薛薇：《科技创新税收政策国内外实践研究》[M]，经济管理出版社，2013。

第二，税收优惠针对方向有失偏颇。从创新价值链的角度来看，目前我国的税收优惠政策更多地运用在创新价值链的"下游"，即主要针对科技成果产业化、新产品推广等方面[①]，特别是只对已形成一定实力的高新技术企业和已实现的科研成果实行优惠，而直接针对研发的税收激励太少，尤其是对技术落后、正在进行的研发活动缺少优惠措施，以致形成重产品轻投入、重成果轻转化、重结果轻过程的偏差。从具体操作来看，现行税收激励政策最重要的体现在于所得税的减免或抵扣，然而，对于高新技术产业而言，前期投入大、研发周期长，在创新进程中的前期往往出现资金周转困难，甚至处于亏损状态，这对于高新技术企业来说，所得税优惠就显得门槛过高、优惠期限较短，从而起

---

① 申嫦娥：《促进科技进步的财政政策：基于创新价值链的研究》[M]，经济科学出版社，2014。

不到资金支持的作用，达不到促进企业从事研发、提高创新能力的效果。从政策协调的角度来看，如"高新技术企业"与"双软企业"、"技术先进型服务企业"之间的界限不明确（见图6-4），造成不同相关税收政策的优惠对象重叠，而政策门槛高低不一，从而使得有关税收优惠政策之间的不协调，影响了政策的激励效果。从政策支持对象的角度来看，市场失灵程度更高、更需要政府支持的科技型中小企业却缺乏足够的支持。一方面，我国没有针对中小企业研发的特殊优惠政策；另一方面，我国小型微利企业的所得税税率20%仅仅比基本税率25%低5个百分点，而美国、英国、法国、加拿大、日本、韩国等发达国家对小企业提供的所得税优惠税率都比其基本税率低至少10个百分点，相比较而言，我国对中小企业的所得税优惠支持力度有限。

第三，税收优惠方式效果有限。从理论上来说，税收抵免直接减少企业的纳税额，能够直接作用于企业的经费预算，从而达到更好的激励作用。以所得税优惠为例，目前我国所得税优惠中许多是属于"事后奖励型"的比例所得税率优惠，少数税前扣除、应税收入减免和税收抵免，没有体现政府的风险分担，不利于创新动力的培育。

假设2：金融政策对国家创新系统绩效具有显著正向影响。

"金融支持政策"与我国创新系统绩效之间无显著相关关系，研究假设并未得到证实。这反映出了两个问题：一是在贷款融资占主导地位的金融市场中，建设创新型国家所需要的融资多元化需求得不到满足；二是我国金融发展相对滞后，突显不出对创新支持的作用。

我国的金融体系主要由大型国有银行掌握，其主要业务是向大型国有企业提供贷款，占企业总数不过5%的国有企业获得了银行企业将近70%的贷款（黄茂兴等，2012）[1]，民营企业从金融机构获得的商业贷款比率远远低于其对GDP的贡献率。银行信贷市场这种融资形式所要求的是相对稳定的、可以评估的现金流和偿还能力、以及相对较低的风险（巴曙松，2013）[2]，所以能从银行获得贷款的企业往往是拥有足够的固定资产进行抵押、或者是已经进入到相对成熟、平稳的发展阶段。据调查，我国60%的高新技术企业认为银行贷

---

[1] 黄茂兴等著：《国家创新竞争力研究：理论、方法与实证》[M]，中国社会科学出版社，2012。

[2] 巴曙松：《后危机时期国际经济金融结构与中国金融政策研究》[M]，上海财经大学出版社，2013。

款是企业的主要融资渠道（荆娴，2011），高新技术企业固有的高风险特征，使得其在发展初期最需要资金支持的时候得不到足够的银行贷款。从根本上来讲，我国科技型企业的融资需求远超过供给，银行对其提供的贷款只不过是杯水车薪。政府没能发挥对创新的资金支持作用，进而影响了创新能力的提升。

从科技活动经费筹集资金来源的结构来看，从 2000 年至 2008 年，政府投入比例从 25.29% 下降到 20.85%，企业投入的比例从 55.24% 上升到 69.82%，金融机构贷款投入的比例从 8.36% 下降到 4.44%。可见，我国正逐步进入到以企业为创新主体的创新型国家行列当中，中小企业对国民经济的贡献日益突出。目前，我国中小企业数量占企业总数的比重超过 99%，创造了 60% 以上的国内生产总值[①]。据统计，我国 65% 的发明专利、74% 以上的技术创新是由中小企业获得的，82% 以上的新产品开发是由中小企业创造的[②]。然而，中小企业本来就存在融资渠道相对单一、融资难的问题，加之科技金融贷款的比例在逐年降低，这些都束缚了中小企业创新的步伐，不仅对中小企业进行创新的动力产生不利影响，更是不利于与中小企业创新能力的提升。

同时，金融政策多数是以法律的形式出现，虽然具有最高的法律效力，具有较高的稳定性和权威性，如银行法、公司法、证券法等。但是这些政策与企业技术创新活动直接相关的较少，部分政策存在操作性不强的欠缺（刘凤朝，2009）[③]。往往是政府的需要支配银行的贷款行为，缺乏有效的监测和评价机制，对科学和技术的财政金融支持没有正常运作（白俊红，2011）。从而在引发众多政府腐败行为的同时，导致资源利用效率低下，即银行贷款行为偏离了效率的要求，无法对真正具技术创新、管理创新特征的企业提供有效的资金支持（黄达等，2009）[④]。

假设 3：人力资本政策对国家创新系统绩效具有显著正向影响。

"教育投入政策"与我国创新系统绩效之间有显著负相关关系。一方面，这可能与本研究所选取的指标密切相关。本研究所选指标为财政教育支出占 GDP 的比例，即教育经费支出占 GDP 的比例，教育投资是一项长期投资，收

---

① 数据来源：《人民日报》2014 年 9 月 4 日。
② 数据来源：赵建军等著：《自主创新与知识产权保护》[M]，知识产权出版社，2011。
③ 刘凤朝等：《国家创新能力测度方法及其应用》[M]，科学出版社，2009。
④ 黄达等：《全球经济调整中的中国经济增长与宏观调控体系研究：新时期国家经济调节的基本取向与财政金融政策的有效组合》[M]，经济科学出版社，2009。

益评估至少需要十年及以上，这种长期的战略性投资在短期内难以显现出其应有的效果；另一方面，导致这一结论的原因，可能是由于我国教育经费支出也存在以下几个方面的问题：

第一，我国教育经费支出规模远远落后于其他国家，教育经费支出占GDP的比例直到2012年才首次达到了国际标准。根据世界银行的统计，许多高收入国家和中低收入国家的教育经费支出早已超过国际标准。2001年，一些高收入国家公共教育支出占GDP的比例的均值达到了4.8%，如澳大利亚、日本、英国和美国等；而一些中低收入国家中低收入国家的这一比例的均值高达5.6%，如哥伦比亚、古巴等。

第二，财政对三级教育的投入存在失衡问题，基础教育投入偏低、高等教育投入偏高。从横向比较来看，根据2010年发布的经合组织《教育概览报告》，中国初等教育生均经费和高等教育生均经费（含科研经费）分别为778美元、4280美元，初等教育和高等教育的生均经费比例为1:5.5，美国的这一比例也只有1:2.64，而整个经合组织的这一比例仅为1:1.9。从纵向比较来看（见表6-19），虽然我国在逐年改善对三级教育的投入比例，初等教育与高等教育生均经费支出差距呈缩小的趋势，但仍然还是没能得到根本改善。基础教育与高等教育本应是一脉相承，基础教育被忽略，过分重视高等教育，无疑是一种"揠苗助长"的误区。

表6-19　　　　　　　　我国生均教育经费支出　　　　　　　　单位：元/年

年份	生均教育经费支出		
	初等教育	中等教育	高等教育
2000	491.58	3344.25	7309.58
2001	645.28	2835.46	6816.23
2002	813.13	4189.82	6177.96
2003	931.54	4343.37	5772.58
2004	1129.11	4847.28	5552.5
2005	1327.24	5438.03	5375.94
2006	1633.51	6603.17	5868.53
2007	2207.04	8451.97	6546.04
2008	2757.53	10563.43	7571.77
2009	3357.92	12351.74	8542.3
2010	4012.51	14565.9	9589.73

数据来源：根据《中国统计年鉴》相关数据计算得出。

第三，人才培养体制中过分强调正规学历的教育，多元化教育格局得不到重视，诸如职业培训、继续教育和终身教育等尚未得到很好的发展（黄茂兴等，2012）。不仅国家对职业教育投入不足，税法还规定对所有非学历教育的各类培训征收3%的营业税，这在某种程度上还抑制了职业培训的发展。

第四，虽然财政教育支出偏向高等教育，但支持人力资源方面的规划和激励存在重科学而轻技能的偏见，致使我国高层次自主创新人才十分短缺。在全国29个专业技术系列中，具有高级职称以上的高层次人才共157.3万人，只占专业技术人员总数的5.5%，而高素质的自主创新人才数量更少[1]。

总的来说，人力资本政策并没有充分发挥其对创新的人才支持的职能，未能有效保障创新主体能力建设目标的实现。

假设4：政府采购政策对国家创新系统绩效具有显著正向影响。

"政府采购政策"与我国创新系统绩效呈显著的正相关关系，研究假设得到证实，表明政府采购能促进创新并假设创新性产品和服务在经济中的渗透。这也充分体现了我国政府采购政策有效地发挥了市场需求拉动职能，对创新主体创新意愿培育产生了积极影响。政府采购作为一种政策工具，通过政策倾斜，通过确立采购什么、向谁采购、如何采购等方式引导公共需求从而在促进创新、提升国家创新系统绩效方面发挥了重要的作用。政府采购政策能否有效发挥，首先是由政府采购规模大小及范围宽窄决定的。政府采购规模越大、范围越广，通过科学合理的调整政府采购的频率、方向，其政策功能发挥得就越迅速、越显著[2]。

政府采购作为激励创新的政策工具，是在1999年首次被明确提出，经过十几年的发展，我国政府采购得到了很大的发展，支持创新的政府采购制度体系也基本形成。我国政府采购规模从1998年的31亿元迅猛上升到2013年的16381亿元，其占财政支出和GDP的比例也呈稳步上升态势（见图6-5）。然而，与其他发达国家相比，我国政府采购规模还远远不足，对创新的积极影响有限。发达国家的政府采购一般占财政支出的比例在30%~50%，占GDP的比例在10%~20%之间[3]。

---

[1] 殷凤春:《自主创新人才评价与提升》[M]，南京大学出版社，2013。
[2] 刘小川、唐东会:《中国政府采购政策研究》[M]，人民出版社，2009。
[3] 数据来源：申嫦娥:《促进科技进步的财政政策：基于创新价值链的研究》[M]，经济科学出版社，2014。

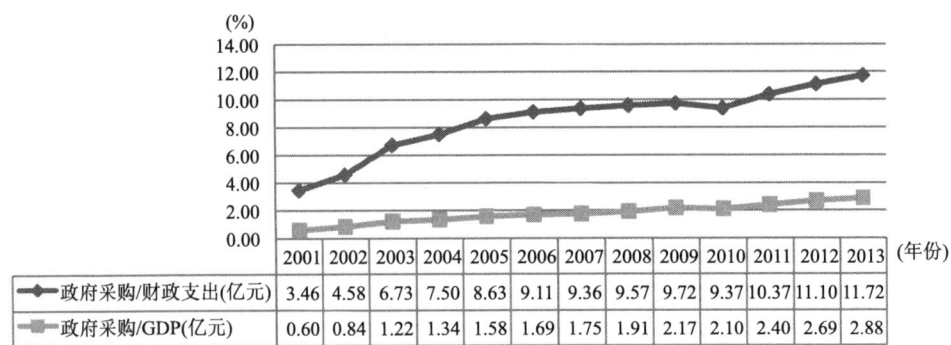

图 6-5　政府采购占财政支出和 GDP 的比重

数据来源：根据历年政府采购年鉴和中国统计年鉴的相关数据计算得来。

虽然我国政府采购政策对于我国创新系统绩效的提高产生了显著的有利影响，但是，我们也不能忽略政府采购政策在实施过程中存在的不足与缺陷，具体而言：

第一，采购方式存在的问题。根据《中华人民共和国政府采购法》的规定，我国政府采购的主要采购方式为公开招标为。除此之外，还有以下五种其他采购方式：邀请招标、竞争性谈判、询价方式、单一来源采购以及国务院政府采购监督管理部门认定的其他采购方式。然而，在采购实践中，这些采购方式缺乏相应的具体规定，各种采购方式适用界限不准确在操作过程中很难得到规范执行（刘小川和唐东会，2009）。同时，"价格"因素在我国政府采购的招标评标中始终是最关键的因素，这不利于对创新产品的潜在优势和价值的发掘。

第二，采购对象界定存在的问题。《政府采购法》并没有突出对自主创新产品的支持，在 2009 年由科技部、国家发展改革委和财政部联合开展的《政府采购自主创新产品目录》也由于种种原因并未出台。我国政府采购按采购对象的类型分为货物、服务和工程三类。其中，"货物"范围的规定交具体，但并没有涵盖技术、专利和以知识产权为标志的一系列无形资产；采用排除法界定的"服务"范围比较模糊；"工程"范围有定性规定，没有相应的定量标准。

第三，政府采购结构中明显偏向工程项目（见图 6-6）。毋庸置疑，在产品和服务类别中的创新潜力最大，但根据政府采购结构发展趋势来看，货物类别的采购占政府采购总额的比重逐年下降，工程类别的采购占政府采购总额的比重越来越高，目前已经超过了60%。

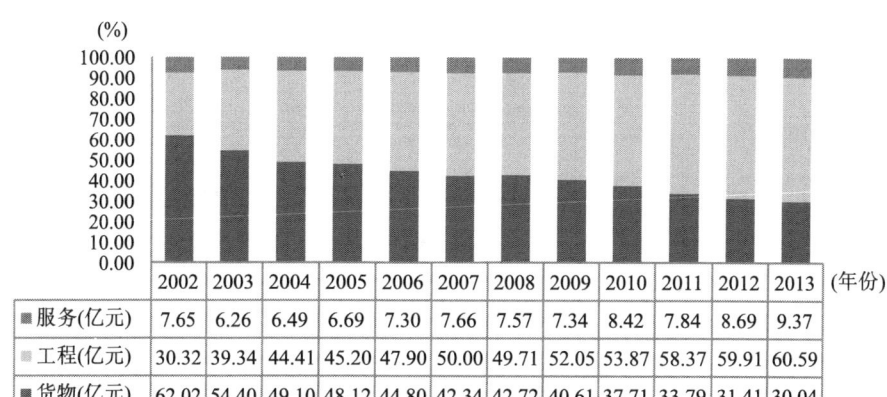

图6-6 三类政府采购占政府采购总额的百分比

数据来源：《政府采购年鉴2002—2012》，2012年的数据来源于浙江政府采购网，网址：http://www.zjzfcg.gov.cn/new/xwzx/428492.html，2013年的数据来源于中央政府门户网站，网址：http://www.gov.cn/xinwen/2014-07/15/content_2717620.htm。

假设5：知识产权保护政策对国家创新系统绩效具有显著正向影响。

"知识产权保护政策"与我国创新系统绩效呈显著正相关关系，本研究结论支持了我们的研究猜想，这意味着知识产权保护制度在增强国家经济科技实力和国际竞争力方面充分发挥了重要作用，并且为我进入创新型国家行列提供了强有力的支撑。

我国的知识产权制度自20世纪70年代末初建以来，经历了一个从"逼我所用"到"为我所用"发展的过程，其法律体系和管理体系也在日臻完善。知识产权保护政策对我国创新系统绩效的积极作用，主要得益于以下几个方面的成效和突破：

第一，改革开放30多年来，我国政府一直高度重视知识产权保护，在知识产权立法、执法、司法、宣传教育和国际合作交流等各领域均取得了显著成就（吕炳斌，2010）[①]，如建立健全了适合我国国情、符合国际通行规则、门类比较齐全的知识产权法律法规体系；建立了一个综合知识产权运作的各类组织机构的全国工作体系和运行机制，从事知识产权的行政审批、管理审查、宣传培训、执法、信息、中介服务以及学术研究等；建立起了一个有效的知识产

---

① 吕炳斌：《建设创新型国家背景下的知识产权保护》[M]，知识产权出版社，2010。

权执法体系，该体系内行政与司法两条途径并行运作；形成了司法保护和行政保护相结合的知识产权保护模式；我国已经参加了有关专利方面的国际公约，开始在国际舞台上发挥积极的作用。这些措施都构成了保障创新的制度环境，持续保障了创新收益，充分激发创新主体的创新积极性，对创新主体创新意愿培育起到了积极的作用。

第二，不断加大的知识产权保护力度。从审批登记来看，我国知识产权审批登记质量与效率取得了新的突破。2011年，经国家知识产权局授权并维持有效的发明专利拥有量达35.1万件，占比为50.4%，首次超过国外在华有效发明专利数量（赵旭梅，2013）[①]；同时，国家知识产权局完成发明、实用新型、外观设计专利审查同比增长分别为14.3%、14.6%和14.2%。从执法方面来看，知识产权执法力度不断加大。为了严厉打击对知识产权的侵犯以及假冒伪劣行为，2010—2011年，全国集中开展了为期9个月的专项行动，取得了显著的成效。从司法方面来看，民事审判在知识产权司法保护中的主渠道作用得到发挥，司法保护知识产权的作用进一步增强。如2013年，全国检察机关共批准逮捕涉及侵犯知识产权犯罪案件（涉及知识产权犯罪案件是指包括《刑法分则》第三章第七节侵犯知识产权罪、数罪中含侵犯知识产权罪和他罪中含侵犯知识产权行为的案件）3272件5081人，提起公诉4975件8232人[②]。

假设6：开放政策对国家创新系统绩效具有显著正向影响。

"开放政策"与我国创新系统绩效之间有负相关关系，其中外商直接投资与我国创新系统绩效之间呈显著负相关关系，而贸易开放度的系数不显著。这一结论表明了虽然外商直接投资对中国的经济增长做出了很大的贡献，但却显著抑制了中国创新能力的提升，对中国国家创新系统绩效带来了消极影响。

开放政策对东道国创新系统绩效的影响是诸多因素综合作用的结果，这些因素包括经济发展状况、人才技术状况、人才流动状况、内外资企业在管理能力和技术能力的差距、东道国企业吸收和创新能力等等。从全球来看，我国目前仍然未能进入发达国家行列，经济虽然增速迅速，但仍然比较薄弱；人力资本积累不足，如Farrell和Grant（2005）研究指出中国缺乏具有建立、开发、管理创新型企业的人才，甚至缺少创新型企业需具备必要工作技能的人才；雪

---

① 赵旭梅：《构建知识产权制度与自主创新效应研究》[M]，对外经济贸易大学出版社，2013。
② 数据来源：光明网，法制频道。网址：http://legal.gmw.cn/2014 - 04/22/content_11105059.htm。

上加霜的是，中国研发人员从国内企业流向跨国公司的研发机构，却很少回流，尤其是高端研发人员和管理者①，从而导致国内企业人才、技术力量大量流失；对于中国本地企业的吸收和创新能力，我国目前高科技产品的出口高度依赖科技零部件的进口，表明我国本地企业具有很强的吸收消化外国技术的能力，但创新能力却很弱。以上种种因素都从某种程度上抑制了 FDI 的溢出效应。梁超（2013）认为，外商直接投资凭借其资金、技术、管理、品牌、规模等垄断优势控制了中国的某些行业和市场，运用合法或不正当手段损害中国企业的利益，一定程度上阻碍了中国民族经济的发展，从而间接导致了外商直接投资对中国的技术创新表现为负显著并抑制其提高②。

外商直接投资通过合资经营企业、合作经营企业、外资企业、外商投资股份制企业、合作开放等方式进行投资。2000 年以来，在实际使用外商直接投资总额中，外商独资企业的占比历年最高，而且增长迅速，从 2000 年的 47.76% 增长到 2012 年的 77.10%，而合作经营企业和合资经营企业的占比迅速下降，尤其是合作经营企业，从 2000 年的 16.35% 急剧下降到 2012 年的 2.07%（见图 6 - 7），相对而言，合作开发的占比基本上可以忽略不计了。外商投资通过外资企业进行投资的趋势不断加强，很可能会形成很强的技术垄断和技术封锁，进而降低技术外溢效应，弱化技术引进的成效。可以说，外资进入所带来的技术进步，在很大程度上都被包括三资企业在内的其他企业所捕获而不是国有企业。可见，外资政策并未能促进我国企业技术能力的提升。

虽然我国一系列外资吸引政策推动了跨国公司在华生产、销售以及技术转移，也使得跨国公司增加其在中国的研发投入，但关键的研发活动仍然在他们本国开展。根据有关跨国公司在华研发活动的调查结果显示：在华跨国公司的研发机构，特别是独立研发中心，更像是跨国公司控制的外包机构，他们与其母公司而不是与当地部门保持密切沟通；对于这些研发外包机构，几乎没有显性的当地知识传播③。这也从另一个角度反映出"市场换技术战略"并没有发挥其应有的作用。从某种程度上来讲，外资政策并没能帮助企业实现海外先进技术的获取，对提升企业的创新能力的作用不大。

---

① 《OECD 中国创新政策研究报告》[M]，薛澜、柳卸林、穆荣平等译，科学出版社，2011。
② 梁超：《国际贸易、基础设施规模对中国技术创新能力的影响》[M]，中国社会科学出版社，2013。
③ 《OECD 中国创新政策研究报告》[M]，薛澜、柳卸林、穆荣平等译，科学出版社，2011。

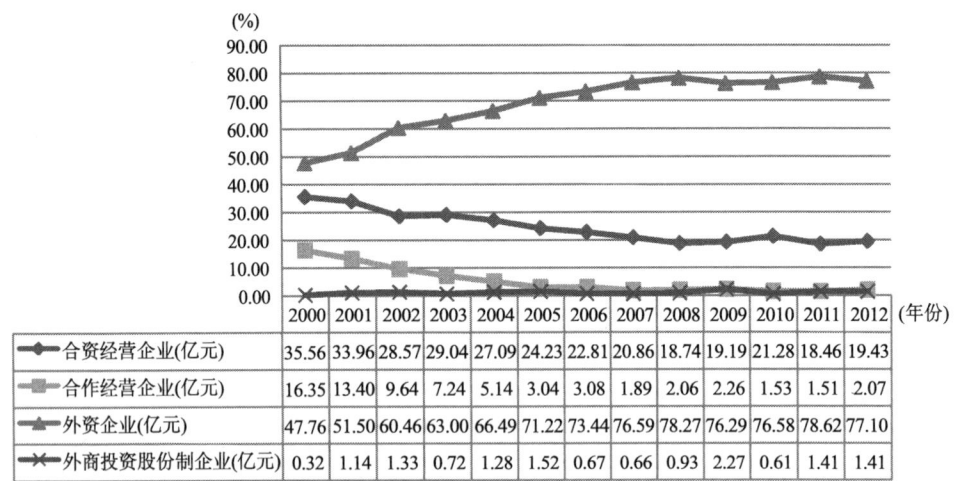

图 6-7 按方式分外商直接投资实际使用金额的占比

数据来源：《中国统计年鉴》（2001—2013）。

从现行的以外商直接投资和国际贸易等方式的技术引进政策看，还存在另外一个非常值得重视的问题：低水平重复引进和盲目引进的现象比较突出，并且过分偏重技术引进、忽视消化吸收和创新。我国目前在引进技术投入与对其研发投入上差距较大，比例为1:0.15，而日本和韩国的该比例分别为1:5和1:8[①]；我国技术引进与技术消化经费比值虽然呈上升态势，2012年这一比例为1:0.398，而日、韩这一比例高达1:1[②]。

假设7：基础设施政策对国家创新系统绩效具有显著正向影响

"基础设施政策"与我国创新系统绩效之间无显著相关关系。这一结论表明虽然新世纪以来我国基础设施建设进入了全面快速发展阶段，但基础设施建设的覆盖不足以对创新活动的扩散产生直接有效的影响。导致这一结论的原因可能源于以下几个方面：

第一，从总供给能力的角度来看，基础设施供给小于创新型国家建设的需要。当前我国基础设施行业面临的主要矛盾是发展落后于时代的要求，同时，由于技术落后、管理水平有限等不利条件，现有基础设施的服务功能不但没有

---

① 数据来源：赵建军等著：《自主创新与知识产权保护》[M]，知识产权出版社，2011。
② 郄红伟、张青："我国引进消化吸收再创新现状及国内外经验借鉴"[J]，《科技管理研究》，2012年第7期。

得到较高水平的发挥,却在逐年降低。农业生产时代对水利基础设施的要求较高,工业化时代提出了发展交通运输基础设施的要求,知识经济时代对通信基础设施提出了更高的要求。面对现代化、城镇化、创新型国家的建设,已经错过了基础设施发展的许多机会和阶段,我国基础设施为创新提供的条件与创新对基础设施的需求相差甚远。

第二,从供给结构的角度来看,我国基础设施供给的区域性矛盾突出,主要体现在东部、中部、西部之间的地域差异以及城市、农村之间的差别。严重的条块分割现象使得跨区域的基础设施投资缺乏现实性,进而导致基础设施全国统筹的无效或低效。马明(2013)使用地理相邻空间权重矩阵构建 Moran'I 散点图发现我国交通基础设施和电信基础设施大量的聚集在以上海为核心的长江三角洲、以广东为核心的珠江三角洲和以北京、天津为核心的京津冀地区,交通基础设施和电信基础设施不发达的地区大部分集中于中西部地区[1]。从表 6-20 可以看出,全社会固定资产投资在城乡之间的差别,城镇与农村的固定资产投资所占比重差距在逐年扩大。

表 6-20　　　　　按城乡分全社会固定资产投资比重　　　　单位:%

年　份	城　镇	农　村
2000	79.66	20.34
2001	80.62	19.38
2002	81.58	18.42
2003	82.44	17.56
2004	83.75	16.25
2005	84.59	15.41
2006	84.88	15.12
2007	85.54	14.46
2008	86.06	13.94
2009	86.34	13.66
2010	86.81	13.19

数据来源:《中国统计年鉴 2013》。

第三,从供给主体的角度来看,在我国现行体制下,基础设施的提供主要

---

[1] 马明:"网络基础设施与区域创新能力差异研究"[D],《南开大学博士学位论文》,2013。

是由各级各类国有企事业机构承担，绝大多数基础设施投资还是由政府部门提供。我国政府以直接提供的方式和垄断供给的模式对基础设施进行供给，这必然导致私人物品供给中广泛存在的竞争机制和约束效应难以自然发挥作用。然而，技术进步改变了某些公共品的非排他属性（如通信行业）和某些公共品产业的自然垄断性（如交通、电力行业），进一步降低了政府供给基础设施的效率，使得我国基础设施的供给面临"引入竞争"的转型趋势。然而，在转型过程中，出现了民间资本进入基础设施领域的制度障碍没有完全消除的同时，国有经济股权弱化和产权改革中国有资产流失严重的问题（任艳，2013）[1]。

---

[1] 任艳：《制度创新与中国基础设施建设》[M]，中国社会科学出版社，2013。

第 7 章
研究结论、启示与展望

本章将阐明主要研究结论,指出本书所获得的启示、同时根据研究结论提出进一步促进创新政策提高国家创新系统绩效的相关政策建议,并指明未来可以进一步深入研究的方向以及重点。

7.1 研究结论

本书在广泛搜集国内外创新系统、创新政策相关文献的基础上,采用规范分析与实证分析相结合、历史与逻辑相统一的方法,以国家创新系统和创新政策体系为研究对象,从国家创新系统的构成要素和功能出发,提出创新政策影响国家创新系统绩效的传导路径,对创新主体培育、创新主体能力建设和创新环境优化的作用机制逐个展开剖析,并构建创新政策对国家创新系统绩效影响的理论模型。在提出研究假设的基础上,通过运用超效率 DEA 模型和面板数据回归模型进行实证分析,明确了中国在全球创新体系中所处的位置、创新政策体系和我国创新系统绩效间的关系。概括而论,得到以下主要结论:

第一,在我国推进创新战略、建设创新型国家的实践过程中,国家创新系统面临创新主体缺失、创新主体能力不足、创新环境有待优化三个主要问题。创新动力不足导致企业参与创新意愿不足,资源受限以及创新网络建设不充分导致创新主体创新能力薄弱、创新效率低下,创新硬环境建设不完善、创新软环境不健全致使创新环境不理想。因而，要想提高国家创新系统绩效，创新政策就需要通过补偿创新收益差额、保障收益持续、承担风险分散、保障合作信用和拉动市场需求来激发创新主体的创新意愿，通过提供创新资源、建设创新网络来提升创新主体的创新能力，通过对创新设施进行配套以及保障创新制度对新环境进行优化。

第二，横向比较来看，进入20世纪以来的前四年，我国在G20国家当中的国家创新系统绩效处于较高的水平，并且比较稳定。2004年以后，我国创新系统绩效水平波动幅度很大，不具有稳定性，且被很多其他国家赶超，开始低于G20以及发达国家的平均水平值，跌落到了较低水平国家行列之中。纵向比较来看，进入新世纪以来我国创新系统绩效水平在波动中整体略呈上升趋势，但普遍并没有实现最优效率，存在很大的改进空间。

第三，创新政策体系维度中，"政府财政科技拨款"、"政府采购政策"、"知识产权保护政策"与我国创新系统绩效之间存在显著的正相关关系，"研发税收优惠政策"、"金融支持政策"、"基础设施政策"与我国创新系统绩效之间无显著的相关关系，"教育投入政策"、"开放政策"与我国创新系统绩效之间有负相关关系，其中外商直接投资与我国创新系统绩效之间呈显著负相关关系，而贸易开放度的系数不显著。政府科技投入、政府采购、知识产权保护的系数分别为0.062961、0.061697、0.243087，即政府对科技投入每增加1个单位，我国创新系统绩效值将增加0.062961，实际政府采购额每增加1%，我国创新系统绩效值将增加0.061697，知识产权保护强度每提高1%，我国创新系统绩效值将增加0.243087。这说明加大政府科技投入、扩大政府采购、加强知识产权保护对我国创新系统绩效的提升具有正面影响。对于"研发税收优惠政策"而言，由于对研发的税收激励总量不足、税收优惠针对方向有失偏颇、税收优惠方式效果有限等原因，使得该项政策没有发挥出应有的作用；对于"金融支持政策"而言，由于信贷资源配置不公、资本市场不发达、部分政策操作性不强等原因，导致该项政策效果不明显；对于"基础设施政策"而言，由于供给不足、供给结构矛盾突出、供给主体有限等原因，导致该项政策没有发挥出应有的功效。同时，必须不断地调整和改善"教育投入政策"和"开放政策"，才能发挥其在提升国家创新系统绩效、实现创新型国家目标当中应有的作用。尤其是关于开放政策对创新影响表明，我国应更加要坚定地走自主创新道路。

第四，在建设创新型国家的进程中，需要处理好政府创新政策干预和市场力量的关系。在对创新系统中政策干预和市场力量的关系检验中，我们发现：一方面创新政策干预改变了市场力量对创新系统绩效影响的方向；另一方面，市场力量加强了政府财政科技拨款、政府采购政策对创新系统绩效的正向影响，同时也加强了教育投入政策对对创新系统绩效的负向影响。可见，我国创新系统绩效水平更容易受政府财政科技拨款、政府采购政策、知识产权保护政策的影响。从而我们可以判断：对政府财政科技拨款、政府采购政策的改善需要遵循市场的规律，而对教育投入政策的改善则需要有明确的制度安排，应当始终将人才培养作为一项基本国策，这样才能改善我国人力资本状况，才能更好地服务于创新型国家的建设。

第五，创新政策对创新系统绩效的影响效果存在空间差异，我国需要制定有区别的创新政策，才能稳步提高我国创新系统绩效水平。对于东部地区而言，创新系统绩效更容易受政府财政科技拨款、金融支持政策、知识产权保护政策、政府采购政策和外资政策的影响，其中"财政科技拨款"、"知识产权保护政策"、"政府采购政策"与创新系统绩效之间存在显著的正相关关系，"金融支持政策"、"外资政策"与创新系统绩效之间存在显著的负相关关系；对于中部地区而言，创新系统绩效水平更容易受"政府采购政策"、"外资政策"和"基础设施政策"的影响，其中"政府采购政策"、"基础设施政策"与创新系统绩效之间存在显著的正相关关系，"外资政策"与创新系统绩效之间存在显著的负相关关系；对于西部地区而言，新系统绩效水平更容易受"政府财政科技拨款"、"外资政策"和"政府采购政策"的影响，其中"政府采购政策"与创新系统绩效之间存在显著的正相关关系，"政府财政科技拨款"、"外资政策"与创新系统绩效之间存在显著的负相关关系。

7.2 启示及政策建议

通过对创新政策对国家创新系统绩效影响的理论和实证分析，本研究获得了一些有价值的发现。本节将结合研究结论及其假设检验结果的剖析，试图从实践的角度提出相应的政策建议。

7.2.1 改变创新政策思维：从市场失灵到"系统问题"

政策目标上要以激发创新主体利益诉求、提升创新主体创新能力、构建良好的创新环境为主线，实现动态整合；政策框架上加强不同部门、不同区域立法和统一规划工作，借鉴欧盟的经验，构建多层次、网络状的协调体系，不断完善法制、经济和行政等多管齐下的协调机制；政策机制上健全不同产业和不同区域间政策协调互动机制，探索建立制度化的创新合作机制；政策工具应从"简单化、单一"向"精细化、组合"转变，构建多元化的创新政策工具体系。

7.2.2 完善创新政策体系

1. 财税政策方面

（1）改进财政投入科技项目管理体制。我国科技项目管理体制在经过近30年的改革之后，科技投资决策从一元化的集中管理体制已经演变为多元化的分散投资决策体制。部门预算的实施，也使得政府部门内部的投资决策从集中走向分散，出现了各部门、机构的很多科技投入定位、职能不清、责任不明，造成重复投入和投入不足的严重问题。在此方面，可以建立科技预算的统一审批制度与协调机制，有效实现中央层面"顶层设计、统筹协调"的财政科技投入计划决策机制；建立政府研发管理信息系统，为创新系统的运行提供交流平台；建立政府科技投资项目的评价体系及政府科技投入结果追踪问效机制，实现项目之间的横向可比和单个项目的连续评价，提高财政科技投入的效率；通过信息化管理、预算管理、项目评价以及通过科技中介的作用，建立财政投入科技项目之间的有机联系。

（2）加大政府研发支持规模，优化科技投入结构。根据研发投入主体结构不同，主要有以下三种类型的研发投入模式：政府主导型模式、企业主导型模式、以及政府与企业双主导模式。进入新世纪以来，我国研发投入模式进入了企业主导模式。许多研究发现研发投入模式与工业化阶段密切相关。一种观点认为我国目前处于工业化中级阶段，从国家经验来看，处于工业化中级阶段的大多数发达国家（日本除外）的研发投入，都是政府与企业双主导模式，尤其是美、英、法这种市场化国家在工业化中级阶段，其研发投入的比重都在50%以上（申嫦娥，2014）。目前，正因为财政科技投入不够，导致财政对基础研究的投入明显偏低。根据2013年全国公共财政支出决算统计，基础研究在科技投入中所占比重只有8%，而美国的这一比例在2008年达到了17%。因此，我国应该适当加大科技研发投入规模，更加重视对基础研究的投入。

从我国目前情况来看，在创新价值链的中间环节存在一些关键部位投入不足的现象，主要体现在财政对共性技术、中间试验、合作研究项目的支出不足。以中间试验为例，从发达国家的经验来看，未来成功实现一项新技术成果的产业化，不仅要重视产业化阶段的财政投入，更需要重视在实验室成果、中间放大试验和产业化三个阶段之间的平衡，不能顾此失彼。发达国家对这三个阶段的投入比例是 1∶10∶100，而我国目前的这一比例是 1∶0.7∶100（申嫦娥，2014）①，可见我国对中间放大试验阶段的投入严重不足。因此，我国需要加大对中间共性技术和中间试验的财政科技投入，借鉴国外政府对合作研发支持的成功经验（如美国政府推出的科技中心计划、先进技术计划（ATP）、中小企业创新研究计划（SBIR）、先进制造伙伴计划（AMP）等），建立多层次的合作计划。

（3）扩大税收优惠适用范围，优化税收优惠结构。针对特定领域或行业的"特惠性"税收优惠，将大量创新企业排除在政策受益范围之外的问题，我国应当取消研发领域限制，弥补我国创新政策体系中"普惠性"激励政策缺位。同时，借鉴发达国家的成功经验，一方面，扩大并细化可加计扣除的研发费用范围，将税收激励的方向更多地转向创新价值链的"上游"；另一方面，将税收优惠政策向中小企业、尤其是科技型中小企业倾斜。建议降低小微企业适用的优惠税率及门槛，基于科技型中小企业贷款难的问题，可以通过降低对科技型中小企业贷款利息课征的营业税税率、允许对科技型中小企贷款计提的贷款损失专项准备金在总行汇总缴纳企业所得税时一定比例或全部税前扣除来激励银行给予更多的创新贷款。

（4）优化税收优惠方式。目前，我国主要运用的税收政策工具是低税率和税额减免，而属于事前扶持的加速折旧、特定准备金、投资支出津贴等更具

---

① 申嫦娥：《促进科技进步的财政政策：基于创新价值链的研究》[M]，经济科学出版社，2014。

灵活性和目的性的政策工具运用有限。以设备购置为例，我国目前对购置环境保护、节能节水和安全生产专用设备购买进行投资抵免，但对研发设备的购买却只采用了加速折旧的优惠。因此，建议按照事前扶持与事后奖励相结合的原则给企业提供税收优惠政策，在事前扶持中，要引导企业更加关注固定资产的投资、无形资产的开发和研究费用的处理等方面的问题。

2. 金融政策方面：充分发挥间接融资体系对创新的支持作用

首先要最大限度地发挥政府资金和政策性金融机构资金的"杠杆效应"。政策性金融机构在提供资金支持的同时，更重要的是要注重发挥资源配置、风险管理等功能。其次，针对科技型中小企业贷款难的问题，整合政府与市场各方资源，构建多层次资本市场体系，拓宽创新企业的直接融资渠道。资本体系要立足于支持衍生企业创建的第一步，鼓励风险投资行业提供种子资金，同时还要鼓励投资机构向中小企业投资和为中小企业融资提供信贷担保等。最后，遵循市场化运作原则，积极推进金融创新。"由点到面"的金融创新试点是现阶段金融改革创新的主要形式，在此背景下，我国金融创新要敢于打破旧观念和制度的约束。

3. 人力资本政策方面：深化人才兴国战略的内涵

不断加大人力资本的投入水平，尤其是要加大对教育事业的投入水平，不断提升区域创新能力。《2014年全球创新指数》报告称人力资本方面的差距成为拉大创新鸿沟的关键因素之一，教育水平与创新能力呈正相关关系。尽管教育投资收益存在滞后性，但教育等人力资本投资的基础地位不可替代，政府需要用战略的眼光审视人力资本政策与国家创新系统绩效的关系，实行人才资源开发的适度超前投资战略，坚定不移地全面实施人才强国战略。我国需要进一步扩大公共教育经费支出规模，保证教育经费投入的稳定增长；同时杜绝浪费教育资源，实现教育资源在三级教育、区域、城乡之间的配置均衡；进一步完善人才发展机制，实施全民终身教育计划，培育尊重知识、尊重人才、最终创造的价值观；进一步规范各类职业教育、继续教育，注重培养专业技术人才；加大高层次创新创业人才引进和培养力度，不断进行制度创新，彻底解决人才流失的问题。

4. 政府采购政策方面：加强政府采购政策的支持功能

首先，要继续加大科技创新的采购规模与扩大采购范围，重视采购政策的引导效应。政府采购对创新的促进作用更多的是能在市场中起到一个示范和引导效应，从而成为影响创新的方向和速度的主要政策工具。因此，要改变政策采购结构偏向工程项目的现状，应把对本国高科技产业的扶持作为一个重要的政策目标。加强政府采购对高科技产业的导向和支持力度，建立政府采购自主创新产品制度。通过采购价格、采购数量、采购标准等，更多的采购高科技企业所提供的产品和服务。其次，完善政府采购公开招标制度。这方面可以借鉴WTO《政府采购协议》、联合国贸易委员会《货物、工程和服务采购示范法》、世界银行《采购指南》以及西方发达国家政府采购制度的成功立法与实践经验，严格执行供应商资格预审程序，通过建立健全法律监管体系、加强舆论监督以及严格职业资格的审批等充分发挥招标代理机构的主导作用，完善政府采购项目评标方法，与国际组织政府采购争端解决机制对接等，从供应商资格预审、招标代理机构、评标方法、供应商质疑或投诉处理等方面推动我国政府采购公开招标制度的完善与发展。

5. 知识产权政策方面：依托知识产权战略，促进自主创新科学发展

第一，政府应改变知识产权战略管理。加强政府对知识产权建设的主导作用，深入推进体制、机制改革，健全知识产权保护体系。第二，加快推进我国企业知识产权战略建设。要建立与企业直接沟通的渠道和预警机制，建立企业知识产权评议机制，加强对知识产权国际纠纷的帮助与指导，突破发达国家和跨国公司对我国企业知识产权的封锁与垄断。第三，营造知识产权战略社会氛围。加强对知识产权方面的人才培养，积极倡导保护知识产权、加大对知识产权的宣传力度，提高全社会知识产权意识，形成保护知识产权的价值观。第四，加强知识产权国际战略合作。我国政府应积极参与知识产权国际事务谈判与磋商，在世界知识产权组织有关发展议程、国际专利制度协调等重大议题的讨论中争取话语权。相关行政部门使用更加有效的执法手段和监管模式，推进交换开发。

6. 开放政策方面：调整开放战略，实现外部作用和内部作用机制之间的平衡

经济全球化背景下，应当很好的安排技术引进、跟随模仿、自主创新3种创新模式之间的结构转换，实现自主性和开放性的结合。强调对引进技术进行消化、吸收，立足实现自主创新。政府应当在内外资企业合作与竞争过程中主要行使监督权，针对目前进一步开放国有经济趋势，政府应当保证符合国有经济战略性调整的布局和国家产业政策的要求，及时制止 FDI 过程中的不良行为，同时建立引导外资投资流向的合理机制、建立复核国际规范的公司治理等，最大程度地利用内外资企业之间的模仿效应、学习效应，促进溢出效应。如今，跨国公司在我国投资也注重产业链的构建，我们必须根据外资的产业归属和技术特征，安排不同产业的开放战略和 FDI 战略，促进产业结构的优化与升级。

7. 基础设施政策方面：实行有序适度的基础设施投资策略，营造有利于创新网络知识流动的环境

在物质基础设施建设中，需要继续扩充现有科技网络和完善信息基础设施，还应该启动各类技术专业网络建设、发展公共高技术服务平台，建立在利益共享基础上的资源整合，加强企业的技术需求与大学、研究机构、中介服务组织等的技术供给之间的连接。地方政府还应该大力培育和扶持区域内各类中介服务组织，以满足创新过程不同阶段的不同需要。在区域创新网络建设过程中，政府更应该注重地区间创新资源互补，在最大化效益的基础上协调分配我国的创新资源。值得注意的是，政府应当建立有利于科技创新政策传播的网络信息环境，让创新政策对象及时了解国家的最新科技发展动态和资金可能享受到的优惠政策，同时，使政府在政策执行阶段能第一时间了解各地方的执行情况、执行效果，实现政策效应最大化。

7.2.3 重视创新政策的区域差异性

对于东部地区的各级政府而言，更应该充分发挥好在财政科技拨款、政府采购和知识产权方面作用。东部地区相对而言，经济较发达，政府在行使金融支持创新方面的政策时，更应该加强其政策性引导职能，实现资源的合理配置，兼顾发展和规范科技金融支撑服务体系，从而实现金融政策对创新系统绩效的促进作用。对于中部地区的各级政府而言，更应该注重基础设施建设，充分发挥政府采购政策的作用；同时，需要找出财税政策、金融政策、知识产权保护政策没有达到预期效应的原因，并进行相应的改进。西部地区相对于东部

和中部地区，除政府采购政策，其他维度的创新政策几乎没有实现应该有的效应。在西部，政府财政拨款与创新绩效之间呈负相关关系，因而西部地区各级政府更应该重视其他维度的创新政策。不论对于东部、中部，还是西部地区的政府，都应该放弃"市场换技术"的观念，奋发图强，立足实现自主创新。

7.3 未来展望

创新是永不衰竭的经济增长动力。为了确保竞争优势，世界各国都在不遗余力地探寻各种各样的政策来提高创新绩效。创新政策研究是一个复杂课题，本书对此做了一些研究，得到了一些有益结论，同时也发现了很大的进一步研究空间。

7.3.1 关于创新政策的量化

针对不同产业需要不同的创新政策而言，可以进一步探索针对不同产业的创新政策，同时为全面反映创新政策内容，可以选择更多维度作为每个创新政策工具的执行变量；针对创新政策体系的多维度特点，需要更好的量化方法来全面反映各维度的边界，进而考察各维度之间的协同情况对创新绩效的影响。

7.3.2 关于创新政策的倡导路径模型的扩展

本书虽然借助了重要的中间变量来阐明创新政策对创新的影响，即创新主体创新意愿、创新主体能力和创新环境。未来的研究可以考虑以命题的形式提出理解创新政策功能和创新的关系，并将这些命题进一步发展为研究假设（例如，命题：创新政策越能创造一个良好的商业环境，就越能增强企业进行创新的意愿，进而导致更多的创新）。

7.3.3 关于中间变量的相互影响

正如企业的创新能力能影响创新的意愿，创新环境影响创新能力和创新意愿，创新意愿也能影响创新能力等等。未来可以针对这些关系以及影响这些关系的创新政策的作用进行研究，探索出创新政策提升创新绩效的更为具体的路径。

7.3.4 关于创新政策的时滞

基于创新政策是一个体系，包括不同的政策工具和内容，有些政策有长期效应，如人力资本政策、基础设施政策等，但有些政策只有短期效应，如财政科技拨款、政府采购政策等。关于创新政策的长期效应和短期效应也是值得在未来进一步更为深入的研究。

7.3.5 产业的选择

本书从宏观上把握了创新政策的区域效应，然而，不同产业的创新表现并不相同，有些进行的是渐进式创新，有些进行的是激进式创新。未来的研究可以针对不同类型的创新式，考察创新政策的功能和作用。

7.3.6 创新政策区域效应模型的拓展

关于区域的认识，本研究主要是从行政区划的角度展开研究。然而，多民族融合、求同存异共同发展是中国的一大特色，具有不同文化背景的创新主体对创新政策的"反应"存在不一致的现象。从而未来的研究可以考虑引入"文化"这一控制变量，从而更为精确的测度创新政策的综合效应。

参 考 文 献

[1] Brenner T, Broekel T. *Methodological Issues in Measuring Innovation Performance of Spatial Units* [J]. Industry and Innovation, 2011, 18 (1): 7 - 37.

[2] Lundvall B A. *User - Producer Relationships, National Systems of Innovation and Internationalisation* [J]. National systems of innovation: Towards a theory of innovation and interactive learning, 1992: 45 - 67.

[3] Patel P, Pavitt K. *National Innovation Systems: Why They are Important, and How They Might be Measured and Compared* [J]. Economics of innovation and new technology, 1994, 3 (1): 77 - 95.

[4] M. Porter, *The Competitive Advantage of Nations* [D], The Macmillan Press, 1990.

[5] Chaminade C, Edquist C. *From Theory to Practice: The Use of the Systems of Innovation Approach in Innovation Policy* [J]. Innovation, Science and Institutional Change, Oxford University Press, Oxford, 2006.

[6] Wieczorek A J, Hekkert M P. *Systemic Instruments for Systemic Innovation Problems: A Framework for Policy Makers and Innovation Scholars* [J]. Science and Public Policy, 2012, 39 (1): 74 - 87.

[7] Klein Woolthuis R, Lankhuizen M, Gilsing V. *A System Failure Framework for Innovation Policy Design* [J]. Technovation, 2005, 25 (6): 609 - 619.

[8] Johnson A, Jacobsson S. *Inducement and Blocking Mechanisms in the Development of a New Industry: The Case of Renewable Energy Technology in Sweden* [J]. Technology and the Market, Demand, Users and Innovation, Edward Elgar, 2001: 89 - 111.

[9] Hekkert M P, Suurs R A A, Negro S O, et al. *Functions of Innovation Sys-*

tems: *A New Approach for Analysing Technological Change* [J]. Technological Forecasting and Social Change, 2007, 74 (4): 413 – 432.

[10] Edquist C. *Design of Innovation Policy Through Diagnostic Analysis*: *Identification of Systemic Problems (or failures)* [J]. Industrial and Corporate Change, 2011, 20 (6): 1725 – 1753.

[11] Karo E. *Modernizing Governance of Innovation Policy Through 'Decentralization'*: *A New Fashion or a Threat to State Capacities?* [J]. Innovation: Management, Policy & Practice, 2012, 14 (4): 495 – 509.

[12] Edquist C. *The Systems of Innovation Approach and Innovation Policy*: *An Account of the State of the art* [C] //DRUID Conference, Aalborg. 2001: 12 – 15.

[13] Manjón J V G, Merino E R. *Innovation Systems and Policy Design*: *The European Experience* [J]. Innovation: Management, Policy & Practice, 2012, 14 (1): 33 – 42.

[14] Langlois R N, Robertson P L. *Stop Crying Over Spilt Knowledge*: *A Critical Look at the Theory of Spillovers and Technical Change* [J]. 1996.

[15] Van der Steen M. *Evolutionary Systems of Innovation*: *Veblian – Oriented Study to the Role of the Government Factor* [J]. The Netherlands: Van Gorcun, Assen, 1999.

[16] Ronde P, Hussler C. *Innovation in Regions*: *What Does Really Matter?* [J]. Research Policy, 2005, 34 (8): 1150 – 1172.

[17] Laranja M, Uyarra E, Flanagan K. *Policies for Science, Technology and Innovation*: *Translating Rationales into Regional Policies in a Multi – Level Setting* [J]. Research Policy, 2008, 37 (5): 823 – 835.

[18] Shyu J Z, Chiu Y C, Yuo C C. *A Cross – National Comparative Analysis of Innovation Policy in the Integrated Circuit Industry* [J]. Technology in Society, 2001, 23 (2): 227 – 240.

[19] Borrás S, Edquist C. *The Choice of Innovation Policy Instruments* [J]. Technological Forecasting and Social Change, 2013, 80 (8): 1513 – 1522.

[20] Guan J, Chen K. *Modeling the Relative Efficiency of National Innovation Systems* [J]. Research Policy, 2012, 41 (1): 102 – 115.

[21] Flanagan K, Uyarra E, Laranja M. *The 'Policy mix' for Innovation*: *Re-*

thinking Innovation Policy in a Multi - Level, Multi - Actor Context [J]. Munich Personal RePEc Archive (MPRA) No, 2010, 23567.

[22] Shyu J Z, Chiu Y C, Yuo C C. *A Cross - National Comparative Analysis of Innovation Policy in the Integrated Circuit Industry* [J]. Technology in Society, 2001, 23 (2): 227 - 240.

[23] Mohnen P, Röller L H. *Complementarities in Innovation Policy* [J]. European Economic Review, 2005, 49 (6): 1431 - 1450.

[24] Atkeson A, Burstein A T. *Aggregate Implications of Innovation Policy* [R]. National Bureau of Economic Research, 2011.

[25] Czarnitzki D, Hanel P, Rosa J M. *Evaluating the Impact of R&D tax Credits on Innovation: A Microeconometric Study on Canadian Firms* [J]. Research Policy, 2011, 40 (2): 217 - 229.

[26] Bérubé C, Mohnen P. *Are Firms that Receive R&D Subsidies More Innovative?* [J]. Canadian Journal of Economics/Revue canadienne d'économique, 2009, 42 (1): 206 - 225.

[27] Bronzini R, Piselli P. *The Impact of R&D Subsidies on firm Innovation* [J]. 2012.

[28] Broekel T. *Do Cooperative Research and Development (R&D) Subsidies Stimulate Regional Innovation Efficiency? Evidence from Germany* [J]. Regional Studies, 2013 (ahead - of - print): 1 - 24.

[29] Hall B H, Lerner J. *The Financing of R&D and Innovation* [R]. National Bureau of Economic Research, 2009.

[30] Kortum S, Lerner J. *Assessing the Contribution of Venture Capital to Innovation* [J]. RAND Journal of Economics, 2000: 674 - 692.

[31] Cumming D. *Government Policy Towards Entrepreneurial Finance: Innovation Investment Funds* [J]. Journal of Business Venturing, 2007, 22 (2): 193 - 235.

[32] Kim M, Lee S Y. *The Effects of Government Financial Support on Business Innovation in South Korea* [J]. Asian Journal of Technology Innovation, 2011, 19 (1): 67 - 83.

[33] Chacko T I, Wacker J G. *An Examination of Strategic Goals and Manage-*

ment Practices of Russian Enterprises [J]. International Business Review, 2001, 10 (4): 475-490.

[34] Searle R H, Ball K S. *Supporting Innovation Through HR Policy: Evidence from the UK* [J]. Creativity and Innovation Management, 2003, 12 (1): 50-62.

[35] Lund Vinding A. *Absorptive Capacity and Innovative Performance: A Human Capital Approach* [J]. Economics of Innovation and New Technology, 2006, 15 (4-5): 507-517.

[36] Oke A, Walumbwa F O, Myers A. *Innovation Strategy, Human Resource Policy, and Firms' Revenue Growth: The Roles of Environmental Uncertainty and Innovation Performance* [J]. Decision Sciences, 2012, 43 (2): 273-302.

[37] Georghiou L, Edler J, Uyarra E, et al. *Policy Instruments for Public Procurement of Innovation: Choice, Design and Assessment* [J]. Technological Forecasting and Social Change, 2013.

[38] Edler J, Georghiou L. *Public Procurement and Innovation—Resurrecting the Demand Side* [J]. Research policy, 2007, 36 (7): 949-963.

[39] Dalpé R. *Effects of Government Procurement on Industrial Innovation* [J]. Technology in Society, 1994, 16 (1): 65-83.

[40] Rothwell R. *Technology-Based Small Firms and Regional Innovation Potential: the Role of Public Procurement* [J]. Journal of Public Policy, 1984, 4 (4): 307-332.

[41] Cabral L, Cozzi G, Denicolo V, et al. 19 *Procuring Innovations* [J]. Handbook of Procurement, 483.

[42] Geroski P A. *Procurement Policy as a Tool of Industrial Policy* [J]. International Review of Applied Economics, 1990, 4 (2): 182-198.

[43] Aschhoff B, Sofka W. *Innovation on Demand—Can Public Procurement Drive Market Success of Innovations?* [J]. Research Policy, 2009, 38 (8): 1235-1247.

[44] Allred B B, Park W G. *Patent Rights and Innovative Activity: Evidence from National and Firm-Level Data* [J]. Journal of International Business Studies, 2007, 38 (6): 878-900.

[45] Chen Y, Puttitanun T. *Intellectual Property Rights and Innovation in Devel-*

oping Countries [J]. Journal of development economics, 2005, 78 (2): 474 – 493.

[46] Park W G. *Intellectual Property Rights and International Innovation* [J]. Frontiers of economics and globalization, 2007, 2: 289 – 327.

[47] Furukawa Y. *Intellectual Property Protection and Innovation: An Inverted – U Relationship* [J]. Economics Letters, 2010, 109 (2): 99 – 101.

[48] Pamukcu T. *Trade Liberalization and Innovation Decisions of firms: Lessons From Post – 1980 Turkey* [J]. World Development, 2003, 31 (8): 1443 – 1458.

[49] Qiu L D, Lai E L C. *Protection of Trade for Innovation: the Roles of Northern and Southern Tariffs* [J]. Japan and the World Economy, 2004, 16 (4): 449 – 470.

[50] Liu X, Buck T. *Innovation Performance and Channels for International Technology Spillovers: Evidence from Chinese High – Tech Industries* [J]. Research Policy, 2007, 36 (3): 355 – 366.

[51] Cheung K Y. *Spillover Effects of FDI via Exports on Innovation Performance of China's High – Technology Industries* [J]. Journal of Contemporary China, 2010, 19 (65): 541 – 557.

[52] Ridley T, Yee – Cheong L, Juma C. *Infrastructure, Innovation and Development* [J]. International Journal of Technology and Globalisation, 2006, 2 (3): 268 – 278.

[53] Hamdouch A, Moulaert F. *Knowledge Infrastructure, Innovation Dynamics, and Knowledge Creation/Diffusion/Accumulation Processes: a Comparative Institutional Perspective* [J]. Innovation: The European Journal of Social Science Research, 2006, 19 (1): 25 – 50.

[54] Blind K, Grupp H. *Interdependencies Between the Science and Technology Infrastructure and Innovation Activities in German Regions: Empirical Findings and Policy Consequences* [J]. Research Policy, 1999, 28 (5): 451 – 468.

[55] Koh W T H. *Singapore's Transition to Innovation – Based Economic Growth: Infrastructure, Institutions and Government's Role* [J]. R&D Management, 2006, 36 (2): 143 – 160.

[56] Sivak R, Caplanova A, Hudson J. *The Impact of Governance and Infrastructure on Innovation* [J]. Post – Communist Economies, 2011, 23 (2):

203 - 217.

[57] Vinciguerra S, Frenken K, Hoekman J, et al. *European Infrastructure Networks and Regional Innovation in Science - Based Technologies* [J]. Economics of Innovation and New Technology, 2011, 20 (5): 517 - 537.

[58] Willam W C, Lawrence M S, Kaoru T. *Data Envelopment Analysis: a Comprehensive text with Models, Application, References and DEA - Solver Software* [M]. Printed on acid - free paper, 2007.

[59] Samara E, Georgiadis P, Bakouros I. *The Impact of Innovation Policies on the Performance of National Innovation Systems: A System Dynamics Analysis* [J]. Technovation, 2012, 32 (11): 624 - 638.

[60] Wang C, Kafouros M I. *What Factors Determine Innovation Performance in Emerging Economies? Evidence from China* [J]. International Business Review, 2009, 18 (6): 606 - 616.

[61] Paas T, Poltimäe H. *Consistency Between Innovation Indicators and National Innovation Performance in the Case of Small Economies* [J]. Eastern Journal of European Studies, 2012, 3 (1): 101 - 121.

[62] Lundvall, Bengt - Åke, ed. *National Systems of Innovation: Toward a Theory of Innovation and Interactive Learning* [M]. Anthem Press, 2010.

[63] Bérubé C, Mohnen P. *Are firms that Receive R&D Subsidies More Innovative?* [J]. Canadian Journal of Economics/Revue canadienne d'économique, 2009, 42 (1): 206 - 225.

[64] Park W G. *Intellectual Property Rights and International Innovation* [J]. Frontiers of economics and globalization, 2008, 2: 289 - 327.

[65] Girma S, Wakelin K. *Local Productivity Spillovers from Foreign Direct Investment in the UK Electronics Industry* [J]. Regional Science and Urban Economics, 2007, 37 (3): 399 - 412.

[66] Fritsch M, Slavtchev V. *Determinants of the Efficiency of Regional Innovation Systems* [J]. Regional Studies, 2011, 45 (7): 905 - 918.

[67] Matei M. *Innovation Efficiency Analysis for Romania* [J]. Economic computation and economic cybernetics studies and research, 2010, 44 (3): 193 - 204.

[68] Bai J. *On Regional Innovation Efficiency: Evidence from Panel Data of*

China's Different Provinces［J］. Regional Studies, 2013, 47（5）：773－788.

［69］Cruz－Cázares C, Bayona－Sáez C, García－Marco T. *You can't Manage Right What you can't Measure well：Technological Innovation Efficiency*［J］. Research Policy, 2013, 42（6）：1239－1250.

［70］Ahlqvist T, Valovirta V, Loikkanen T. *Innovation Policy Roadmapping as a Systemic Instrument for Forward－Looking Policy Design*［J］. Science and Public Policy, 2012, 39（2）：178－190.

［71］Leitner, A., Wehrmeyer, W., & France, C.（2010）. *The Impact of Regulation and Policy or Radical Eco－Innovation：The Need for a New Understanding.* Management Research Review, 33（11）, 1022－1041.

［72］Hobday M, Boddington A, Grantham A. *Policies for Design and Policies for Innovation：Contrasting Perspectives and Remaining Challenges*［J］. Technovation, 2012, 32（5）：272－281.

［73］Woolthuis R K, Lankhuizen M, Gilsing V. *A System Failure Framework for Innovation Policy Design*［J］. Technovation, 2005, 25（6）：609－619.

［74］Borrás S. *The Widening and Deepening of Innovation Policy：What Conditions Provide for Effective Governance?*［J］. 2008.

［75］Liu F, Simon D F, Sun Y, et al. *China's Innovation Policies：Evolution, Institutional Structure, and Trajectory*［J］. Research Policy, 2011, 40（7）：917－931.

［76］Dodgson M, Hughes A, Foster J, et al. *Systems Thinking, Market Failure, and the Development of Innovation Policy：The Case of Australia*［J］. Research Policy, 2011, 40（9）：1145－1156.

［77］Xiwei Z, Xiangdong Y. *Science and Technology Policy Reform and its Impact on China's National Innovation System*［J］. Technology in Society, 2007, 29（3）：317－325.

［78］Mytelka L K, Smith K. *Policy Learning and Innovation Theory：an Interactive and Co－Evolving Process*［J］. Research policy, 2002, 31（8）：1467－1479.

［79］Rossi F, Russo M. *Innovation Policy：Levels and Levers*［M］.//Complexity Perspectives in Innovation and Social Change. Springer Netherlands, 2009：311－327.

［80］Schentler P, Lindner F, Gleich R. *Innovation Performance Measurement*

[M]. //Innovation and International Corporate Growth. Springer Berlin Heidelberg, 2010: 299-317.

[81] Soete L. *From Industrial to Innovation Policy* [J]. Journal of Industry, Competition and Trade, 2007, 7 (3-4): 273-284.

[82] Edquist C. *Innovation Policy – a Systemic Approach* [J]. The Globalizing Learning Economy. Oxford University Press, Oxford, 2001: 219-237.

[83] Shyu J Z, Chiu Y C. *Innovation Policy for Developing Taiwan's Competitive Advantages* [J]. R&D Management, 2002, 32 (4): 369-374.

[84] Jackson J, Brooks M, Greaves D, et al. *A Review and Comparative Study of Innovation Policy and Knowledge Transfer: An Anglo – French Perspectives* [J]. Innovation, 2013, 15 (2): 130-148.

[85] Patanakul P, Pinto J K. *Examining the Roles of Government Policy on Innovation* [J]. The Journal of High Technology Management Research, 2014, 25 (2): 97-107.

[86] Hemphill T A. *POLICY DEBATE: The US Advanced Manufacturing Initiative: Will it be Implemented as an Innovation – or Industrial – Policy?* [J]. Innovation, 2014, 16 (1): 67-70.

[87] Chen C Y, Lin Y L, Chu P Y. *Facilitators of National Innovation Policy in a SME – dominated Country: A Case Study of Taiwan* [J]. Innovation, 2013, 15 (4): 405-415.

[88] Fullan M. *Large – Scale Reform Comes of Age* [J]. Journal of Educational Change, 2009, 10 (2-3): 101-113.

[89] Osborne S P, Brown L. *Innovation, Public Policy and Public Services Delivery in the UK. The Word that Would be king?* [J]. Public Administration, 2011, 89 (4): 1335-1350.

[90] 王唯薇："国家创新体系下的创新政策：概念、评估和发展趋势" [J]，《重庆科技学院学报》（社会科学版），2012年第21期。

[91] 范柏乃、段忠贤、江蕾："创新政策研究与评述" [J]，《软科学》，2012年第11期。

[92] 赵中建、王志强：《欧洲国家创新政策热点问题研究》 [M]，华东师范大学出版社2013。

[93] 崔新建：《外资研发中心的现状及政策建议——基于国家创新体系框架的研究》[M]，人民出版社，2011。

[94] 何爽、谢富纪："我国产学研合作的现状与问题分析及相应政策研究"[J]，《科技管理研究》，2010年第12期。

[95] 冯倬琳、赵文华："研究型大学在国家自主技术创新中的作用"[J]，《清华大学教育研究》，2007年第2期。

[96] 何翔："基于制度安排的高新技术企业产学研合作研究"[J]，《改革与战略》，2010年第9期。

[97] 周正、尹玲娜、蔡兵："我国产学研协同创新动力机制研究"[J]，《软科学》，2013年第7期。

[98] 薛澜、柳卸林、穆荣平等译：《OECD中国创新政策研究报告》[M]，科学出版社，2011。

[99] 王宗军、夏若江、肖德云：《创新能力与技术战略——企业自主创新能力评价与技术战研究》[M]，人民出版社，2011。

[100] 张凤、霍国庆："国家科研机构创新绩效的评价模型"[J]，《科研管理》，2007年第2期。

[101] 苏涛永、高琦："基于随机前沿分析的高校创新效率及差异研究"[J]，《预测》，2012年第6期。

[102] 王秀丽、王利剑："产学研合作创新效率的DEA评价"[J]，《统计与决策》，2009年第3期。

[103] 洪勇、李英敏："自主创新的政策传导机制研究"[J]，《科学学研究》，2012年第3期。

[104] 汪洋：《中国企业对发达国家直接投资与自主创新能力研究》[M]，中国经济出版社，2010。

[105] 宁东玲：《企业信息化过程中的知识吸收能力研究》[M]，经济科学出版社，2011。

[106] 张刚、徐乾等：《知识集聚与区域创新网络》[M]，科学出版社，2010。

[107] 国家创新体系建设战略研究组著，《2010国家创新体系发展报告——创新型城市建设》[M]，科学出版社，2011。

[108] 梅特卡夫著、冯健译：《演化经济学与创造性毁灭》[M]，中国人

民大学出版社，2007。

[109] 林云：《内生性技术创新动力与效率研究》[M]，中国社会科学出版社，2011。

[110] 陈艳艳："我国产学研合作应加强政府信用监管"[J]，《技术经济与管理研究》，2009年第2期。

[111] 聂颖：《中国支持科技创新的财政政策研究》[M]，中国社会科学出版社，2013。

[112] 王银安："促进自主创新的财税政策探讨"[J]，《财政研究》，2012年第10期。

[113] 许骏：《科技企业自主创新能力提升途径》[M]，经济科学出版社，2011。

[114] 杨蕙馨、李国峰：《中国企业自主创新能力提升路径与对策研究》[M]，经济科学出版社，2012。

[115] 蒋同明：《科技园区创新网络演化与应用》[M]，知识产权出版社，2012。

[116] 郑展：《知识流动与区域创新网络》[M]，中国经济出版社，2010。

[117] 盖文启：《创新网络——区域经济发展新思维》[M]，北京大学出版社，2002。

[118] 杨东奇、朱建新、刘茂长：《高新技术企业自主创新环境研究》[M]，科学出版社，2009。

[119] 陈原、闵惜琳、张启人：《创新经纬》[M]，化学工业出版社，2012。

[120] 廖少纲："自主创新软环境系统研究"[D]，《同济大学》，2008。

[121] 陈雅玲："区域自主创新的软环境建设研究"[J]，《对外经贸》，2012年第4期。

[122] 张明龙："区域政策与自主创新"[M]，中国经济出版社，2009。

[123] 周业安、高新雅："区域综合性创新政策能够提升当地的创新能力吗——基于西部大开发的经验实证研究"[J]，《经济管理》，2008年第3期。

[124] 谈毅：《我国创新政策绩效评价研究》[M]，上海交通大学出版社，2013。

[125] 施丽萍："基于内容分析法的中国科技创新政策研究"[D]，《浙江

大学》，2011年。

[126] 匡小平、肖建华："我国自主创新能力培育的税收优惠政策整合——基于高新技术企业税收优惠的分析"[J]，《财贸经济》，2007年第1期。

[127] 白俊红、李婧："政府R&D资助与企业创新——基于效率视角的实证分析"[J]，《金融研究》，2011年第6期。

[128] 王俊："政府R&D资助与企业R&D投入的产出效率比较"[J]，《数量经济技术经济研究》，2011年第6期。

[129] 邓子基、杨志宏："财税政策激励企业技术创新的理论与实证分析"[J]，《财贸经济》，2011年第5期。

[130] 马海涛、许强："财税政策激励企业技术创新的理论分析及其启示"[J]，《兰州商学院学报》，2014年第2期。

[131] 凌江怀、李颖、王春超："金融对科技创新的影响及其支持路径"[J]，《江西社会科学》，2009年第7期。

[132] 柏玲、唐艳玲、袁蕾："省域自主创新的金融支撑体系研究"[J]，《产经评论》，2011年第3期。

[133] 潘雄锋、史晓辉、王蒙："我国科技发展的财政金融政策效应研究——基于状态空间模型的变参数分析"[J]，《科学学研究》，2012年第6期。

[134] 曹雪琴："亚太发达国家风险投资税收激励范式与我国的制度建设"[J]，《亚太经济》，2007年第4期。

[135] 黄燕、吴婧婧、商晓燕："创新激励政策、风险投资与企业创新投入"[J]，《科技管理研究》，2013年第16期。

[136] 范柏乃："科技产业人才政策效应的实证分析"[J]，《中国人口科学》，2003年第3期。

[137] 何庆丰、陈武、王学军："直接人力资本投入、R&D投入与创新绩效的关系——基于我国科技活动面板数据的实证研究"[J]，《技术经济》，2009年第4期。

[138] 钱晓烨、迟巍、黎波："人力资本对我国区域创新及经济增长的影响"[J]，《数量经济技术经济研究》，2010年第4期。

[139] 陈武、王学军：《基于智力资本的区域创新能力研究》[M]，科学

出版社，2012。

［140］金振鑫、陈洪转、胡海东："区域创新型科技人才培养及政策设计的 GERT 网络模型"［J］，《科学学与科学技术管理》，2011 年第 12 期。

［141］刘慧："政府采购对科技创新具有巨大推动作用"［J］，《中国政府采购》，2005 年第 11 期。

［142］唐东会："政府采购促进自主创新的机理探析"［J］，《现代管理科学》，2008 年第 2 期。

［143］王宏、郑上福："基于省际面板数据分析的政府采购与技术创新关系研究"［J］，《湖南财政经济学院学报》，2011 年第 5 期。

［144］艾冰、陈晓红："政府采购与自主创新的关系"［J］，《管理世界》，2008 年第 3 期。

［145］孙斌、彭纪生："中国知识产权保护政策与创新政策的协同演变研究"［J］，《科技管理研究》，2010 年第 1 期。

［146］王华："更严厉的知识产权保护制度有利于技术创新吗？"［J］，《经济研究》，2011 年第 2 期。

［147］彭福扬、彭民安、李丽纯："知识产权保护、技术创新与经济增长方式转变——基于我国区域面板数据的实证研究"［J］，《科技进步与对策》，2012 年第 24 期。

［148］万志华、高丽峰、宋连成、王赫："知识产权保护与技术创新的关系研究"［C］，《创新沈阳文集》，2009。

［149］马天毅、马野青、张二震："外商直接投与我国技术创新能力"［J］，《世界经济研究》，2006 年第 7 期。

［150］李成刚：《FDI 对我国技术创新的溢出效应研究》［M］，浙江大学出版社，2011。

［151］李平、崔喜君、刘建："中国自主创新中研发资本投入产出绩效分析——兼论人力资本和知识产权保护的影响"［J］，《中国社会科学》，2007 年第 2 期。

［152］许和连、胡晓华："国际技术溢出对我国自主创新的影响实证研究"［J］，《科技进步与对策》，2011 年第 9 期。

［153］刘秉镰、武鹏、刘玉海："交通基础设施与中国全要素生产率增长——基于省域数据的空间面板计量分析"［J］，《中国工业经济》，2010 年第

3期。

[154] 张浩然、衣保中："基础设施、空间溢出与区域全要素生产率——基于中国266个城市空间面板杜宾模型的经验研究"[J]，《经济学家》，2012年第2期。

[155] 李平、黎艳："科技基础设施对技术创新的贡献度研究——基于中国地区面板数据的实证分析"[J]，《研究与发展管理》，2013年第6期。

[156] 赵中建：《欧洲创新潮：欧洲国家创新政策进展》[M]，华东师范大学出版社，2012。

[157] 赵中建、王志强：《欧洲国家创新政策热点问题研究》[M]，华东师范大学出版社，2012。

[158] 方玉梅、魏晓文：《科技创新与中国特色社会主义制度研究》[M]，北京：人民出版社，2012。

[159] 张俊芳：《国家创新体系的效率及其影响因素研究》[M]，经济科学出版社，2012。

[160] 陈凯华、寇明婷、官建成："中国区域创新系统的功能状态检验——基于省域2007—2011年的面板数据"[J]，《中国软科学》，2013年第4期。

[161] 刘伟：《中国技术创新的作用及其影响因素研究》[M]，东北财经大学出版社，2011。

[162] 范柏乃：《面向自主创新的财税激励政策研究》[M]，科学出版社，2010。

[163] 肖虹：《公司研发投融资决策价值及创新激励政策影响》[M]，吉林大学出版社，2010。

[164] 王俊："我国政府R&D税收优惠强度的测算及影响效应检验"[J]，《科研管理》，2011年第9期。

[165] 戴晨、刘怡："税收优惠与财政补贴对企业R&D影响的比较分析"[J]，《经济科学》，2008年第3期。

[166] 许春明、单晓光："中国知识产权保护强度指标体系的构建及验证"[J]，《科学学研究》，2008年第4期。

[167] 陈丽静："知识产权保护、技术创新与贸易结构优化"[D]，《浙江大学》，2012年。

[168] 彭洁、涂勇："基于系统论的科技基础设施概念模型研究"[J]，《科学学与科学技术管理》，2008年第9期。

[169] 柳卸林、吕萍、程鹏、陈傲：《构建均衡的区域创新体系》[M]，科学出版社，2011。

[170] 樊纲、王小鲁：《中国市场化指数：各地区市场化相对进程年度报告》，经济科学出版社，2004年、2006年、2009年、2011年。

[171] 张光南、陈广汉："基础设施投入的决定因素研究：基于多国面板数据的分析"[J]，《世界经济》，2009。

[172] 薛薇：《科技创新税收政策国内外实践研究》[M]，经济管理出版社，2013。

[173] 申嫦娥：《促进科技进步的财政政策：基于创新价值链的研究》[M]，经济科学出版社，2014。

[174] 黄茂兴等著：《国家创新竞争力研究：理论、方法与实证》[M]，中国社会科学出版社，2012。

[175] 巴曙松：《后危机时期国际经济金融结构与中国金融政策研究》[M]，上海财经大学出版社，2013。

[176] 赵建军等著：《自主创新与知识产权保护》[M]，知识产权出版社，2011。

[177] 刘凤朝等：《国家创新能力测度方法及其应用》[M]，科学出版社，2009。

[178] 黄达等：《全球经济调整中的中国经济增长与宏观调控体系研究：新时期国家经济调节的基本取向与财政金融政策的有效组合》[M]，经济科学出版社，2009。

[179] 殷凤春：《自主创新人才评价与提升》[M]，南京大学出版社，2013。

[180] 刘小川、唐东会：《中国政府采购政策研究》[M]，人民出版社，2009。

[181] 吕炳斌：《建设创新型国家背景下的知识产权保护》[M]，知识产权出版社，2010。

[182] 赵旭梅：《构建知识产权制度与自主创新效应研究》[M]，对外经济贸易大学出版社，2013。

[183] 梁超:《国际贸易、基础设施规模对中国技术创新能力的影响》[M],中国社会科学出版社,2013。

[184] 郄红伟、张青:"我国引进消化吸收再创新现状及国内外经验借鉴"[J],《科技管理研究》,2012年第7期。

[185] 马明:"网络基础设施与区域创新能力差异研究"[D],《南开大学博士学位论文》,2013年。

[186] 任艳:《制度创新与中国基础设施建设》[M],中国社会科学出版社,2013。

附　　录

附表　　国家创新体系绩效评价（一个 window 包含 5 个年份）

国家＼年份	2000	2001	2002	2003	2004	2005	2006	2007	2008	2009
澳大利亚	0.3823	—	—	—	—					
		—	—	—	—	—				
			—	—	—	—	0.2933			
				—	—	—	0.3145	—		
					—	—	0.3211	—	1.0756	
						—	0.3233	—	1.0756	—
加拿大	0.2779	0.2710	0.3355	—	—					
		0.2705	0.3341	—	—	0.3720				
			0.3539	—	—	0.3774	—			
				—	—	0.4106	—	0.3769		
					—	0.4643	—	0.4035	0.5018	
						0.4408	—	0.4115	0.4988	1.0380
德国	—	—	—	—	—					
		—	—	—	—	1.0201				
			—	—	—	1.0201	0.6539			
				—	—	1.0368	0.7386	0.7320		
					—	1.0116	0.8039	0.8187	1.0087	
						1.0124	0.7895	0.8037	0.8941	1.0067

续表

国家\年份	2000	2001	2002	2003	2004	2005	2006	2007	2008	2009
法国	0.5920	0.6440	0.6610	0.7117	1.0132					
		0.6474	0.6632	0.7120	1.0036	1.0231				
			0.6649	0.7122	1.0017	1.0224	0.8266			
				0.7505	1.0017	1.0224	0.8350	0.7948		
					1.0163	1.0153	0.9601	1.0100	1.0481	
						1.0156	0.9605	1.0159	1.0193	1.1538
英国	0.6692	0.7223	0.8460	1.0834	1.0180					
		0.7171	0.8502	1.0834	1.0054	0.5962				
			0.8522	1.0834	1.0054	0.5987	0.5174			
				1.1883	1.0061	0.6178	0.5422	0.5411		
					1.0169	0.7198	0.6667	0.6534	0.6809	
						0.7334	0.6787	0.6690	0.6948	1.0574
意大利	0.7955	0.8629	0.8679	0.9036	1.0496					
		0.8673	0.8753	0.9169	1.0313	1.0300				
			0.9328	0.9211	1.0313	1.0301	0.7272			
				0.9336	1.0321	1.0301	0.7400	0.6965		
					1.0436	1.0305	0.7527	0.7110	—	
						1.0867	0.7576	0.6959	—	1.1409
日本	1.0162	1.0838	1.0222	0.9256	0.8095					
		1.0838	1.0222	0.9256	0.8095	1.0970				
			1.0743	1.0162	0.8537	1.0037	1.4254			
				1.1083	0.8748	1.0193	1.4289	1.0283		
					1.0682	1.0273	1.4311	0.8931	1.0663	
						1.0712	1.415	0.8931	1.0663	—
韩国	—	1.0073	1.0574	1.0026	0.6971					
		1.0073	1.0536	1.0026	0.6971	0.5593				
			1.0672	1.0014	0.6994	0.5496	0.5061			
				1.1050	0.7792	0.6064	0.5682	1.0021		
					1.0694	0.8085	0.8888	1.0343	0.5122	
						1.0093	0.9174	1.0329	0.5122	0.5202

续表

国家	年份	2000	2001	2002	2003	2004	2005	2006	2007	2008	2009
美国		—	1.0039	1.0120	1.0456	1.0185					
			1.0039	1.0120	1.0456	1.0070	1.0093				
				1.0144	1.0519	1.0070	1.0093	0.7406			
					1.1226	1.0073	1.0079	0.7406	1.005		
						1.0365	1.0044	0.7350	0.7278	—	
							1.1346	0.7591	0.7460	—	—
巴西		1.0152	0.1324	1.0307	—	1.0051					
			0.5010	1.0508	—	1.0040	1.0275				
				1.0716	—	1.0055	1.0217	1.0185			
					—	1.032	1.0264	1.0260	1.0134		
						1.0393	1.0461	1.0387	1.0134	0.3218	
							1.0297	1.0308	1.0115	0.3253	1.1472
中国		1.0168	1.0282	1.0067	1.0022	0.0840					
			1.0446	1.0067	1.0022	0.0843	0.0580				
				1.0629	1.0041	1.0024	1.0005	0.0799			
					1.1091	1.0027	1.0005	0.0914	0.0908		
						1.1283	1.0005	1.0063	1.0096	0.2590	
							1.0169	1.0157	1.0086	0.2104	1.2025
印度		1.4077	—	—	—	—					
			—	—	—	—	1.1688				
				—	—	—	1.3395	—			
					—	—	1.3948	—	—		
						—	1.4972	—	—	—	
							1.0220	—	—	—	—
俄罗斯		0.0211	0.0175	0.0133	0.0153	0.0155					
			0.0175	0.0133	0.0153	0.0155	0.0174				
				0.0187	0.0191	0.0188	0.0212	0.0185			
					0.0201	0.0202	0.0227	0.0199	—		
						0.0242	0.0266	0.0228	—	0.0253	
							0.0199	0.0177	—	0.0195	—

续表

国家\年份	2000	2001	2002	2003	2004	2005	2006	2007	2008	2009
南非	—	0.3465	—	1.0003	0.2636					
		0.4268	—	1.0054	0.2636	0.2389				
			—	1.1222	1.0031	0.2991	1.0240			
				1.1225	1.0078	0.3168	1.0240	0.3216		
					1.0799	0.3610	1.0240	0.3832	1.0005	
						0.1439	0.2248	0.1549	0.1656	1.0538
阿根廷	1.0008	1.0899	1.0103	1.0464	0.0930					
		1.0899	1.0103	1.0464	0.0918	—				
			1.0383	1.0992	0.2446	—	0.0752			
				1.4001	0.2755	—	0.0859	0.0816		
					1.1185	—	1.0490	0.1767	1.0047	
						—	1.011	0.0563	0.0447	1.0809
印度尼西亚	—	3.6613	—	—	—					
		3.9893	—	—	—					
			—	—	—	—	—			
				—	—	—	—	—		
					—	—	—	—	—	
						—	—	—	—	3.1883
墨西哥	1.1021	1.0156	0.2004	0.2438	0.1500					
		1.0981	1.0004	1.0316	0.1705	0.1130				
			1.0525	1.0756	1.0080	0.5477	1.0214			
				1.0904	1.0010	0.4026	1.0194	1.0212		
					1.0079	0.5239	1.1018	1.0155	1.0256	
						0.1921	1.0444	1.0110	1.0240	1.248
土耳其	1.0211	1.0055	1.0806	1.0084	1.0084					
		1.0108	1.0806	1.0084	1.0000	—				
			1.1786	1.0172	1.0130	—	1.0019			
				1.1378	1.0201	—	1.0078	—		
					1.3244	—	1.0162	—	—	
						—	1.0489	—	—	—

后　　记

本书是在本人博士论文基础上修改完成的。博士生学习阶段，是我一生难忘的经历。回首在中央财经大学学习生活过的点点滴滴，历历在目，恍如昨日。感谢母校，为我提供了良好的学习环境、丰富的图书资源以及聆听学术前沿内容的机会；感谢母校，为我撑起梦想起航的帆。回首求学之路，有幸得到很多人的指点和无私的帮助，感激之情无以言表。

教诲如春风，师恩似海深。深深感谢我尊敬的导师蒋选教授。导师渊博的学识，严谨的治学态度，精益求精的工作作风，诲人不倦的高尚师德，循循善诱的育人风格，朴实无华、宽厚待人的人格魅力，为我树立了治学为人的典范，潜移默化地影响着我和我的先生，让我们受用终身。导师传道、授业、解惑，经常组织和亲自参与学术研讨，竭尽所能为我创造自由、开放、宽松的科研环境，引导我追寻自己的研究兴趣、提升科研的能力。尤其在博士论文写作期间，从论文选题到最终成文，无不得到导师的悉心指导。论文的字里行间，无不浸透着导师的心血和汗水，凝聚着导师的关爱和期望。导师一直对我关爱有加，在我人生的一个个岔路口，都给予了我许多最直接、最无私的帮助，让我感铭肺腑，终生难忘。学高为师、身正为范，导师的治学之风、育人之德是我终生学习的楷模。

衷心感谢王柯敬教授、侯荣华教授、赵丽芬教授、李涛教授、张苏教授、严成樑副教授、郭冬梅副教授以及所有授课的老师们，你们渊博的知识、活跃的思维、独到的见解、风趣的课堂氛围大大地拓展了我的眼界，启迪了我的思维，令我如沐春风，受益匪浅。

感谢国家留学基金委，使我有机会到国外深造，拓展视野，丰富知识。感谢我留学期间的导师张杰教授、钱兴旺教授及其他的老师。正是你们渊博的知识、丰富的阅历、高尚的情操指引着我在浩瀚的知识海洋中拼搏、遨游；正是你们的谆谆教导和无私帮助，才使我尽快地融入了异国的学习生活，增益我所不能。

感谢齐兰教授、邹东涛教授、冯春安教授、欧阳日辉副研究员、王立勇教授、张志敏教授、于爱芝教授在我论文开题、预答辩时的精辟点评，各位教授、专家提出的宝贵的意见为本书质量的提高提供了十分有益的指导。

感谢同门赵嘉辉师兄经常为师门提供清静、祥和的研讨场所，特别是对我的鼎力相助，为我留学担保，解我经济之忧，使我得以顺利赴美留学，铭感不忘；感谢戴民乐师兄、杜玖月师兄、曹晋丽师姐、李江华师姐、白玉华师姐在我的科研探索上所给予的大力帮助；感谢郝磊师弟、周灵灵博士在收集资料过程中所给予的帮助。感谢所有同门的师兄师弟、师姐师妹们，是你们的关爱支持和并肩作战让我深切感受到蒋门这个大家庭的温暖和其乐融融。

感谢范建伟博士所给予的帮助，使我在申请国家留学基金委的2012年国家建设高水平大学公派研究生项目时，少经历了很多波折。

感谢我的博士生同学和好朋友李秀婷博士后、冉美丽博士、宝希吉日博士、马骁博士、张春杨博士等等，正是你们的关心、帮助和鼓励，才让我在困难面前昂首阔步，披荆斩棘一路走到今天。感谢经济学院2011级博士班所有同学，是你们积极向上、团结奋斗的热情伴我度过了快乐的学习时光。

感谢我的爸爸妈妈，是你们三十年含辛茹苦的哺育和培养、默默的付出、殷切的希望和无私伟大的爱伴着我走过了漫漫求学路，激励着我不断进取，去攀登人生更高的阶梯。感谢我的先生田贵贤，你是我生活中最有力的后盾，也是我精神世界最默契的伴侣，你的支持和鼓励给了我莫大的勇气和动力，让我毫无畏惧地面对一切，满怀信心地追求美好的未来。感谢我所有的亲人，你们的理解与支持，是我最大的精神慰藉和力量之源。

感谢创新理论的所有前辈研究者，是你们辛勤的劳动和宝贵的研究成果启迪了我的思想、丰富了我的知识，是你们出色的研究和不懈的积累，为我的学习和研究提供了源泉。

本书作为创新政策与国家创新系统绩效相融研究的抛砖之作，由于本人水平有限，仍有许多不足和需要进一步深入探讨的问题，恳请学界前辈批评指正，更加希望学术界、实务界朋友和广大社会读者提出宝贵意见！

刘 皇

2016年3月于广州